JN087092

ミケランジェロとメディチ家の真実

隠されたヨーロッパの血の歴史

副島隆彦
Soejima Takahiko

はじめに

私は、自分が60歳の還暦（かんれき）になったときヨーロッパへの巡礼（ピルグリメッジ pilgrimage）の旅に出た。巡礼と言っても私には宗教（信仰）はない。ズタ袋と木の棒だけを持って、野垂れ死にする覚悟の巡礼者の気持ちを微（かす）かに味わいたかっただけだ。キリスト教への信仰にどっぷり浸（つか）った巡礼者たちと違って、私のは、ヨーロッパの隠された〝巨大な真実〟を掘り当てるための調査旅行である。

ヨーロッパとは何か？

私たち日本人にとってのヨーロッパ（Europa オイローパ。エウロパ）とは、まずイギリスであり、それからフランスである。しかし、イギリス王もフランス王も、たかが王（キング）（国王（ドミナトゥス）・君主（モナーク））に過ぎない。14世紀からヨーロッパ全体の皇帝（エムペラー）は常にウィーンにいた。今は小国のオーストリアのウィーンだが、ハプスブルク家が代々ヨーロッパ皇帝（神聖ローマ皇帝、ドイツ皇帝）であった。

ヨーロッパ皇帝はたいていウィーンにいたのだ。西暦８００年のフランク族シャルルマーニュ（カール）大帝と、961年のオットー大帝の即位は、中部ドイツのアーヘンだ。だから、イギリス、フランスごときは、ただの国王だ。たかが王様だ。

日本人はこのことを今もよく分かっていない。

私は2年前（2010年の冬）、トルコ（旧コンスタンティノープル）から入ってハンガリー（ブダペスト）に行き、ウィーンに行った。帝都のすばらしさを、この本の主題、主眼目としない。ただのつまらない旅行記になってしまう。

ヨーロッパ全史にとっては、イタリアこそが重要なのだ。イタリアのフィレンツェ市こそが、すべてのヨーロッパ問題の一〇〇〇年間の中心なのだとはっきり分かったのである。フィレンツェのメディチ家（Medici、メディシン。薬、医学の語源である）こそは、ルネサンスの生みの親であり、ミケランジェロの生みの親である。苛烈（かれつ）なるルネサンス人文（じんぶん）知識人（umanista（ウマニスタ）→humanist（ヒューマニスト））たちの生みの親であった。彼らは圧殺された。誰に？

私は大きな秘密を解き明かす。umanesimo（ウマネジモ）（人文主義（じんぶん））＝新プラトン主義（ネオプラトニズム）と、ルネサンスrenaissance は同義であった。この秘密に決然として迫る。日本人として初めて、ヨーロッパとは何であったのか、の巨大な問題に答えを出す。日本人としてヨーロッパという巨大な秘密の鉄の扉を、なんとかこじ開けて、中に入ってみせる。

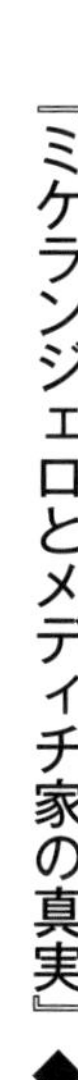

『ミケランジェロとメディチ家の真実』◆目次

ちの理想の姿だ

(右)の出会い。1488年

これこそがヨーロッパ知識人た

偉大なるロレンツォ（中央）と若きミケランジェロ

（ピッティ宮殿、オッターヴィオ・ヴァンニーニ画、1635年）

装丁・泉沢光雄
カバー写真・Portrait of Michelangelo, ca 1535, /
by Jacopino del Conte (1510-1598).
(Photo by DeAgostini/Getty Images)
帯写真・赤城耕一
組版・オノ・エーワン

序章 ルネサンスとは本当は何であったのか

日本人が知らないルネサンスという思想運動

この本では、だからルネサンスとはいったい何だったのかを解明する。日本人がこの百年間きちんと理解していないことを私ははっきりと書く。

ルネサンスとは１４００年代（15世紀）に誕生したばかりの近代人（モダンマン）たちによる、激しい政治思想運動（ポリティカル・ムーブメント）だったのである。

私たちは「ルネサンス」というと、「文芸復興」、「人間復興」のことだと習った。あるいは、フランス語「ル（再び）ネトル（生まれる）」から re-naître で、renaissance「再生する」ことだと言う。では、それが一体、何が「再生」し、何からの「再生」であったのか。何が「復興」したのか。それを分かっていない。誰も説明してくれない。

日本人のヨーロッパ歴史学者も、文化史・美術史が専門の学者たちも、大きな真実を教えてくれない。ルネサンスの個々の芸術家（例えばボッティチェッリやラファエロ）の作品の表面的な解説ばかりする。そんなものは、観光ガイドブック（『地球の歩き方』の「フィレンツェとトスカーナ」「ローマ」「イタリア」の巻。ダイヤモンド社刊）にだって書いてある。

ミケランジェロ・ブオナローティ
（1475-1564）
88歳で死。
（ヤコピーノ・デル・コンテ画、1535年）

レオナルド・ダ・ヴィンチ
（1452-1519）
67歳で死。自画像

人類の大(だい)ブランドのこの２人が、なぜ西欧世界最高の芸術家なのか。誰もわかりやすく説明しない。だから私、副島隆彦が説明する。

だから、日本人は今でも、15世紀（１４４０年代から）のイタリアで起きた巨大なルネサンス革命、ミケランジェロ、メディチ家、共和政体（レプッブリカ）、ダ・ヴィンチの意味が分からない。分からないままこれらを〝世界的ブランド〟としてだけ有り難がっている。エルメスやグッチより１００倍はすごいのに。

だから、この本で私は、日本人が理解させてもらえないまま、放ったらかしにされた「ルネサンス、ミケランジェロ、メディチ家の真実」について、なんとか、かんとか、苦心して説明をする。

まず次のことから理解しなければならない。私自身がローマとフィレンツェまで、50歳代の終わりに、この本の担当編集者に誘われて行ってみて、初めて実感で、体で分かったことがあった。20代、30代のときの仕事の合い間のヨーロッパへの旅では、人生経験と知恵が足りないので何も分からなかった。人間は歳を取って馬齢（ばれい）を重ねてからしか分からないことが多くある。ガキの頃にはルネサンス絵画も彫像も、オペラも分からない。

『遥かなノートル・ダム』（筑摩書房、１９６７年）を書いたときの森有正（ありまさ）（明治の政治家、森有礼（ありのり）の孫）は、ある日、東京大学でのフランス文学の授業を放棄して出奔（しゅっぽん）した。たどり着いたフランス国のパリのシテ島のノートルダム寺院が窓外の遠くに見えるアパルトマンを借り

真っ裸の青年ダヴィデ像がここにちょうど500年間立ち続けていることが超重要なのだ

ヴェッキオ宮殿前のダヴィデ像（ミケランジェロ作、1504年）
これはレプリカで、本物は近くのアカデミア美術館に展示されている。

た。そして、自分がここまでたどり着いても、まだ「遥か遠く」であるヨーロッパに想い至った。おフランスかぶれの金持ち華族さまや日本人（東アジア人）秀才が、行きつこうにも行きつけなかったヨーロッパの壁に森有正はぶつかった。

ところで、このノートルダム（Notre Dame 我らが貴婦人）が、実はマグダラのマリア（イエス・キリストの奥さま。正妻）のことであり、聖母（母親）のマリアではないことを知っている日本人は今もどれだけいるだろうか。

メディチ家の存在が重要だ。１４００年代にイタリアのフィレンツェで、当時のヨーロッパ最大の富（国王たちよりも上）を築いたメディチ家という大財閥が、このルネサンスの本当の中心にいた偉大なる一族だ。彼らのことを理解せずして、人類史の近代（モダン）を作ったヨーロッパ人の中心部分は分からない。ヨーロッパ文明の本当の〝華（はな）〟はイギリスやフランスやドイツではない。イタリアだ。

ヨーロッパとは、大きく言えば、ローマのヴァチカンに居を構えるローマン・カトリック教会と近代知識人（モダン・インテレクチュアルズ）との血みどろの闘いだ。ここにヨーロッパのもっとも大きな重心と中心がある。ここでの思想、宗教の闘いこそが「近代」と呼ばれ始めたものの実体（サブスタンス、substance）である。

「ルネサンス」はフランス語であり、イタリア語、ラテン語系ではリナシメント Rinascimento という。この言葉は、イタリアの画家で美術史家だったジョルジョ・ヴァザーリ（1511−1574）によって初めて使われたものだ。ミケランジェロの弟子であったヴァザーリはこの言葉を「中世美術の超克、克服を特徴づけるもの」として使った。つまり、芸術（アルス）、技法（テクネー）よりも上位の概念として使った。

ヴァザーリは、同時代人として（自分より年長である）ミケランジェロやレオナルド・ダ・ヴィンチを間近で見て、訪ねて会話している。そしてヴァザーリは『画家・彫刻家・建築家列伝』（1550年刊）を書いた。ルネサンス期に活躍した画家・彫刻家・建築家の人物評伝の大作である。当時の人々の証言である。翻訳が出ているから日本語でも読める（『芸術家列伝1・2・3』白水社、2011年）。

ところが、ルネサンス（リナシメント）のもった本当の意味は、そんなイタリア15世紀の絵画・彫刻・建築の技法上の発展のすばらしさ問題に限定され封じ込められるような、つまらないことではなかったのだ。ルネサンス（リナシメント、人間復興）とは、どうやら人類史、世界史の1400年代からこっちにおける巨大な思想運動、政治革新運動の中心、心臓部であったようだ。学問上の大変革運動であり、芸術上の大革新でもあり、そして政治上の知識人たちへの激しい思想弾圧と宗教弾圧であった。どうも15世紀の繁栄の絶頂のイタリアが、人類の今に至る、西暦１５００年から２０００年の初めまでに起きた人類史の絶頂（ピーク）だったのではないか。それぐらいに、イタリア15世紀（Quattrocento、クアットロチェント）のルネサンスというのは特異であり、驚異的である。ただし、５００年後の今のイタリアはかなりみじめになって、迫り来る金融恐慌に怯（おび）えている。

イギリスやフランスなどたいしたことはない。現在に至っても、イギリス、フランス文化などはすべてイタリア・フィレンツェ・ルネサンスのもの真似に過ぎない。パリのルーヴル博物館の展示品は、くだらない王様たちの肖像画ばっかりだ。あるいは当時のイタリアから買ってきたものだ。それぐらいにフィレンツェは圧倒的に壮麗（マグニフィセント）であり、華麗（マニフィーク）である。再度書くが、ヨーロッパで皇帝（エムペラー）の帝位を１０００年間名乗れたのはウィーンだけだ。あとはすべてたかが国王、王様だ。

だから最近、たとえばイギリスのチャールズ皇太子ではなく王太子と正しく訂正するようになった。赤っ恥ものの訂正行為だ。ただし、この泥縄の呼称訂正は、日本国天皇が本当は、中華帝国（ディグオ）（中国の歴代王朝）に従属した王であり、日本は本当は、帝国（エムパイア）ではなく今も王国

（立憲君主制国家（コンスティチューショナル・モナーキイ））であることの秘密がバレたことの影響である。私が書いた『属国・日本論』（五月書房、1997年。決定版2019年、PHP研究所）の余波（アフターマス）である。

アスカニオ・コンディヴィ（1525－1575）という人の『ミケランジェロ伝』（1553年、邦訳・岩崎美術社）も重要である。コンディヴィもミケランジェロのすぐそばにいた画家で、彼はミケランジェロがまだ生きているうちにこの伝記を書いたのだ。コンディヴィの文をロマン・ロランとヤーコプ・ブルクハルトと羽仁五郎が大いに参考にした。

私に取りつこうとした悪霊

この世には悪霊（あくりょう）や怨霊（おんりょう）が本当にいるようだ。

亡霊、幽霊、霊魂と言ってもよい。私はこの本を書くためにローマとフィレンツェを歩きまわったが、500年前の14、15世紀の街並みがそっくり残るフィレンツェの街のあちこちから、ヨーロッパでもっとも裕かだった、この金融都市の歴史の興亡の中で、苦しみながら死んでいった者たちの亡霊が空中を彷徨（さまよ）い天空に満ちていた。霊魂たちのうめき声のようなものが、街のそこかしこから私に聞こえてきた。

観光客はどこの国から来た人も同じで、歩きまわることに疲れ、美術作品のあれこれに圧倒されてぼうっとした表情で、周りの人と同じように列に並び動きまわる。団体客（グループツアー）は軍隊の行進のように目的地の美術館や城に向かって追い立てられてゆく。彼らの上空をルネサンスの亡霊たちが舞っていた。

今のフィレンツェの都市からは、１４００年代に活躍し血が流れた偉大なるルネサンス思想運動の中心人物たちの痕跡は、表面上は消されている。意図的に隠されて見えなくされている。ローマン・カトリック教会の圧迫が彼らを消し去ったのだ。それと、ただの王様（大公（アーチデューク））になってしまったその後のメディチ家に忌避（きひ）された。

ローマ教会のヴァチカンの宗教権威に逆らって、理知（スピリット）の力で反逆した者たちを、呪いの地底に封じ込めている。１３００年頃のダンテの時からだ。だから、ルネサンスの本当の意味は隠されて上からヴェールをかけられ覆い隠された。そうやって５００年が過ぎた。

私はフィレンツェの街を歩いていたら、旅行者たちにまとわりつく亡霊たちの姿がはっきりと見えた。恨みを抱いて死んでいった先駆者たちの恐ろしい形相（ぎょうそう）の霊たちだった。

この本の執筆に取りかかったこの8月から、私は熱海の仕事用の家に籠（こも）った。原稿を書き始めた夜、私は悪霊に取りつかれそうになった。悪霊（ディアボロ）が現れ、室内の私の周囲をうろついた。

本当は逆だろう。

15世紀の祭壇画に描かれた悪魔

こうもりのような羽が生え、恐ろしく口が裂けて、三角の顔をした大トカゲの妖怪のイメージが典型だ。悪魔が聖アウグスティヌスに「悪魔の書」を見せているところ。

（1480年頃、ミヒャエル・パッハー画、ミュンヘン、Alte Pinakothek）

そして私に取りつこうとした。その顔を私は知っていた。金儲けと人騙しに明け暮れる醜い経営者の顔をしていた。私はその悪霊の襲撃を白みはじめた外のほの明るさのほうへ払いのけた。悪霊は苦しそうな顔をしたまま退散した。そのあとやっとこの本を書き始めることができた。

ローマ・カトリックという巨大な悪

私はこの本で、**偉大なるロレンツォと老コジモ**をほめ讃える。このことの反動としてローマン・カソリックの巨大な悪と偽善についても暴き立てるように書く。この二つがこの本にとっての重要な柱だ。イエス・キリストという実在した人物は立派な人だったと思う。けれども、そのイエスの教えを受け継いだと称する、そして自分たちこそはキリストの教えの正統(オーソドキシー)だとするローマン・カソリック教会というのは、この2000年間にわたって巨大な偽善(ヒポクリシー)の集団だ。私は自分が60歳になろうとする今、ようやく大きな真実にたどりついた。だから、私はこのことをはっきりと書く。

東アジア(極東(ファーイースト))のはずれに生まれて、1950年代からの平和な時代を生きた私は、信仰（宗教）としてのキリスト教にのめり込んだことがない。ローマ・カトリックになんの恨みもない。イジメられたこともない。教会なんか、友人に誘われて何ヶ所か行っただけだ。だが、自分なりに40年間もヨーロッパやアメリカの政治思想の勉強をしていたら、逆にローマ教会が諸悪の根源なのだということが分かった。やっぱりカトリックがこの地上で最悪の集団だったのだ、とようやく分かった。この私であっても長い間ずっと騙されていたのだ。

人間は言っていることと、やっていることが一致していなければいけない。言っていることとやっていることが一致しているのなら、私はその人の生き方（それが犯罪でなければ何を

レオナルド・ダ・ヴィンチがスケッチした、パッツィ家のコンスピラシーで捕まって首吊り刑に処された首謀者

やってもいい）に何も文句を言わない。

日本でも西欧でも、どこの古い大寺院や大教会（修道院）でも、歴史学者たちの調査研究として、地面を掘り返して調査したら、下水道や糞尿層から特殊に秘密に囲われていた女たちの生活の痕跡や、堕胎された赤子の骨とかが大量に見つかる。近年の歴史学と考古学の成果だ。日本の東大寺でも見つかっている。しかし学者たちは大声ではこの真実を言わない。

歴史的なすべての国の巨大宗教寺院（すべての宗派）に巨大なヒポクリシー（偽善）が存在する。歴代のローマ法王たちは、自分の甥（ネフューnephew）、甥と呼びながら、本当は実の息子（庶子、隠し子）たちである者がたくさんいた。ものすごい数でいた。許すべからざることだ。その代表はチェーザレ・ボルジアとその実父の法王アレクサンデル6世だ。

ローマン・カソリックは、処女マリア（聖母マリア）の「無原罪懐胎」という大ウソをついた。このことから始まって、多くのウソを積み重ねて、積み重ねて教義（ドグマ）にしてきた。ひとつのウソはさらに別のウソをどんどん積み上げてゆく。そして、巨大なウソつき集団になっていった。このことをちょうど2000年間も続けてしまうと、もう自分たちでも手に負えなくなる。自分たち僧侶集団（聖職者、クラージマン）がそれなりにいい暮らしができて生きてゆくためには、世界中の信者たちからできるだけ多くの喜捨＝献上金、奉納金を集めなければならない。信者がお金を払えば罪が償（つぐな）えますと、免罪符（インダルジャンス）（贖宥（しょくゆう）状。罪を贖（あがな）う証書）を売ることをした。日本の教科書もこのことは書いている。
レオ10世、すなわち偉大なるロレンツォの息子（ジョヴァンニ）が１５１６年に発案して、そうやってヨーロッパ中から集めた資金で、自分たちの本拠であるサン・ピエトロ大聖堂を建設し続けた。

このことに怒ったマルティン・ルターが１５１７年に、北ドイツ（ヴィッテンベルク）で、宗教改革の火の手を上げたのだ。それまでは信者には聖書（旧約、新約の両方）も読ませなかった。祈禱書ばかりを読ませていたという。それで、このカトリックの巨大な偽善とたくらみに気づいた人々が出現して、もう許せないということで暴れ出した。それはルターたちドイツのプロテスタントだけではない。カトリックの巨大な悪に抗議（プロテスト）したのはプロテスタントだけではない。まさしく同時代の、そしてそれより80年早いフィレンツェの人文主義者（ウマニスタ。ヒューマニスト）たちだ。

ところが、このプロテスタント諸派のキリスト教会も、その後、自分たち自身が大きな宗派や国教会になっていったら、やっぱり腐敗した。ローマ教会とまったく同じ「10分の１税」（tithe、ティス、タイズ）をすべての信者の所得から自動徴収するようになって腐敗・堕落した。

私が深く尊敬するのは、ドイツ諸都市200個ぐらいが団結して、命がけで立ち上がったシュマルカルデン同盟（1538年結成。1546年、ルターの死の直後、いきり立って同盟戦争を皇帝と始めた）である。シュマルカルデン同盟の新教徒たちは、その後100年間、勝てなかった。戦い続けて、ドイツ全土で多くの都市が焼かれ負け続けた。100年後の1648年、ウェストファリア条約まで。

この23ページの絵のごとく、カトリック教会の聖職者は素晴らしい偉人のように描かれ、悪魔（デーモン、デビル、サタン）と闘っている。しかし、本当は逆ではないのか。本当は大僧上や大司教や枢機卿たちが大悪人で、その反対に、悪魔にされてしまった人々のほうが、真実を叫んで殺されていった人々だった。私のこの本はアンブローズ・ビアス著の『悪魔の辞典』（1911年刊）を模範とする『悪魔の用語辞典』シリーズの第4巻である。

私は、このことを単なる諧謔（かいぎゃく）として言っているのではない。人類史の巨大な宗教団体に向かって今さら毒づいても何にもならない、という考えも分かる。あらゆる宗教（信仰）とはそもそも、「イワシの頭も信心から」で、おかしな非現実的なことをドップリと信じ込むことであり、その信仰の秩序（オーダー）に従うことである。そのことに文句を言っても何にもならない。

しかし、それでも言わなければいけない。

この23ページの絵の聖人は、聖アウグスティヌス（4世紀ごろの北アフリカ、タガステの人）であるそうだ。聖アウグスティヌスは『告白（コンフェシオン）』（別名『懺悔録（ざんげろく）』）を書いた人で、偉い人だった。教父（きょうふ）哲学と呼ばれる。この『告白』はいま読んでも素晴らしい。世界中のキリスト教徒の愛読書だ。しかし、「神の国」という思想（アイデア）を作ったアウグスティヌスはやっぱり問題だ。アウグスティヌスには、父親ゆずりのゾロアスター教（マニ教）徒としての激しい前歴がある。ここに初期カトリック教会の秘密がひとつ隠されている。

ミケランジェロがなぜ西欧最大の芸術家なのかを誰も説明しない

人類の〝大ブランド〟である二人の重要な芸術家、レオナルド・ダ・ヴィンチ（1452－1519）とミケランジェロ（1475－1564）のことを、私は本気で調べた。ダ・ヴィンチのほうがミケランジェロより23歳年上の同時代人で、どちらもフィレンツェの人だ。ダ・ヴィンチは、1482年というルネサンスの思想運動がかなり危険になり、危機に陥った時、さっさとミラノへ行って、ミラノで17年間という長いあいだを暮らした。

ダ・ヴィンチは『最後の晩餐』（1495－1497年作）をサンタ・マリア・デッレ・グラーツィエ教会の壁に書いて、北イタリア全体で名声が高まり、1500年、48歳のときに、大名士の待遇でフィレンツェに迎えられて帰ってきた。そして1504年にミケランジェロのあの青年「ダヴィデ像」をどこに設置するかの委員にもなっている。サンタ・マリア・ヌォーヴァ病院で何十体もの解剖もした。青木昭氏が調べて書いている。ダ・ヴィンチは1506年には再びミラノに去り、最後はフランスで亡くなっている。

ダ・ヴィンチが17歳の時、フィレンツェで起きたクーデター未遂事件が例の「パッツィ家のコンスピラシー（共同謀議）」である。処刑されたパッツィ家の首謀者たちが政庁舎（いまのヴェッキオ宮殿）の窓から、首に縄をかけられて吊るされている様子を、ダ・ヴィンチがスケッチしている（25ページ図参照）。

レオナルド・ダ・ヴィンチはミケランジェロと同じく、我が身に迫る危険を察知する能力にも優れていた。だから、ルネサンス、すなわち**新プラトン主義** Neo-Platonism の思想闘争、が最高潮だった1482年の危険な時代にフィレンツェを離れている。29歳の時である。

それに比してミケランジェロは、ずっとこの思想運動につきあっている。しかし、ミケランジェロは生来、温和で寡黙な人間であった。詩と手紙はよく書いた。彼は公共の場所で激

羽仁五郎
(1901-1983)

(写真提供:©大海秀典/文藝春秋/amanaimages)

群馬県桐生市生まれ。東京帝国大学法学部を休学し、ハイデルベルク大学哲学科でリッケルトに歴史哲学を学ぶ。留学中、糸井靖之、大内兵衛、三木清と交流し、現代史、唯物史観の研究を開始。

生涯在野の哲学者であったクローチェの影響を色濃く受け、帰国後東京帝国大学文学部哲学科に入る。大学を卒業後、1933年9月11日治安維持法容疑で検挙され、留置中に日本大学教授を辞職した。

その後、『ミケルアンヂェロ』などの著述で軍国主義に抵抗し多くの知識人の共感を得た。1945年北京に逃れたが逮捕され、敗戦は獄中で迎えた。

敗戦後、1947年参議院議員に当選し、革新系議員として活動した。晩年は新左翼の革命理論家的存在となり、学生運動を支援した。クローチェの思想を紹介した『都市の論理』はベストセラーとなった。

1939年初版『ミケルアンヂェロ』

戦前の横書きは文字を右から読む

しく演説したりして感情を外に表す人間ではなかったようだ。書き残されて今に伝わる彼の文章がそれなりに残っている。『ミケランジェロの手紙』（岩波書店、１９９５年、杉浦明平訳）が50年の歳月をかけて出版された。

ミケランジェロの生涯は、フィレンツェとローマの間を行ったり来たりである。１５３４年、59歳で戦争やいろいろの事件があったあと、彼はフィレンツェのドロドロの絶望状態を避けてローマに移って、ローマで89歳で死んだ（１５６４年）。そして後半生の30年間、二度とフィレンツェには戻らなかった。レオナルド・ダ・ヴィンチと並んで、今も西欧世界の最高の芸術家だ。巨大ブランドである。革バッグ屋のエルメスやグッチなどに負けるはずがない。ところが、ダ・ヴィンチと比べると、ミケランジェロのほうは、なぜ彼が西欧最高の芸術家であるか、偉大であるか、その意味を誰も分かりやすく説明しない。作品が偉大だ、偉大だ、でそれで終わりだ。

もっと言えば、いまもヴェッキオ宮殿の正門にある青年ダヴィデ像（ミケランジェロ25歳の時の作）の、裸体を晒して、おちんちん（男性性器）を見せる像が世界中を無言で圧倒している。ミケランジェロについては、日本では文化・芸術の枠でしか扱われない。美術専門家の人たちしかミケランジェロについて言及しない。だから、ミケランジェロの真実が何も分からない。
ただひとり、羽仁五郎（はにごろう）の『ミケルアンヂェロ』（岩波新書、１９３９年刊。戦争と政治弾圧の時代に書かれた）だけが、真実を書き続けた。しかし、この赤色の新書本は、いまや薄汚れて落ちぶれた古書店の古本の一冊としてしか取り扱われない。誰も見向きもしない。誰も読まない。忘れ去られた、を通り越して棄（す）てられた、に等しい。左翼思想家で歴史学者の羽仁五郎の著作のすべてが忘れ去られた。私は、自分の先生である思想家、久野収（くのおさむ）の兄貴分としての羽仁五郎のことを、70年代の当時からいろいろ聞いて知っている。私がこの学統（がくとう）を受け継がなかったら、もう日本には、「市民の抵抗の思想」が枯れ果てて死に絶える。羽仁五郎と久野収の霊魂が私にそのようにささやく。

私はこの本で、羽仁五郎の『ミケルアンヂェロ』を復活・再生させることを誓いながら、このミケランジェロの生きた意味と意義について、己（おのれ）にできる限り21世紀の日本に復活、再生させてゆく。なぜ、ミケランジェロがいまも西欧最大の芸術家であるのか、ということを説明する。

バッサリと真実を書いていかないと、もう誰も他に書く人間がいない。分かりやすく大きな真実が語られなければならない。誰かがそれを受け継がなければ、日本人に西欧史の真髄が居つかない。だから、この本で私がやる。たとえ資料不足、調査不足でもやる。

「フィレンツェから近代が始まるのか、フィレンツェが近代以前の頂点なのか」問題

最初に戻って、イタリアの15世紀ルネサンス（リナシメント）とは何であったかを繰り返し書く。ルネサンスとは、アッカデミア・ネオプラトニカ（新プラトン学院 accademia neoplatonica）、新プラトン主義の思想運動のことだ。

私の本はいつも初めのほうで大きな結論を先に書く。この本でもそうする。ルネサンスとは、平民（ポポロ popolo, people）しかしその中の上層平民（ポポロ・グラッソ）であり続けた富豪財閥（当時のヨーロッパで最大の資産家。おそらく国王たちよりも豊かだった）のメディチ家の財を基（もと）にして始められた新思想運動である。１４３９年から当主（首領）の老（ヴェッキオ）コジモ（１３８９－１４６４）と、その孫のロレンツォ・イル・マニフィコ（１４４９－１４９２）が続けた思想運動である。これをアッカデミア・ネオプラトニカという。この新プラトン主義者たちの学問サークルに集まった知識人たちの過激な思想運動のことである。

そして、それは偉大なるロレンツォが死んだ、１４９２年に頂点に達する。この時以降、

ルネサンスとはメディチ家のこの２人が始めた新思想運動のことだ。この２人がいかに偉大だったかをこの本で書く。

コジモ・イル・ヴェッキオ
Cosimo il Vecchio
（1389-1464）

ロレンツォ・イル・マニフィコ
Lorenzo il Magnifico
（1449-92）

急速に衰退し、６年後の１４９８年までに、絞め殺され、消滅させられた。この激しい思想運動の主要なメンバーたちはほぼ殺されたか、それに近い形で死んでいる。次々と姿を消している。すなわち、ルネサンスとは、１４３９年から極度に急激に湧き興った人間解放（何からの？）の思想闘争だった。そしてその後、60年間続いて圧殺されてしまった思想運動である。誰たちによって？

歴史研究としてもこう考えないと辻褄（つじつま）が合わない。ここに全ヨーロッパ史の中心部分、核心部分がある。このあと現在に至るちょうど５００年間分の、すべてのヨーロッパの歴史は、この60年間に凝縮されている、と言っても過言ではない。歴史だけではない。**ヨーロッパ近代（モダン）とは何か。それはこの60年間にフィレンツェで起きたことのすべてを指す**。そして、この60年のすべてを、以後の５００年間のヨーロッパの各地で、その範型（はんけい）（理念型（イデアル・テュープス））を繰り返した素（もと）の型である。だから、この60年間が分かれば、そのあとのこの５００年間のヨーロッパが分かる。ヨーロッパ（人）とは何かが分かる。

それは文化・教養・学問の革新運動だっただけではない。人間（人類）という生き物が為しとげた、すべての「公共の富（パブリック・ウェルス）」の達成であり、創造の全てである。ここで、フィレンツェ人文（じんぶん）主義者たちは、ローマ・カトリック教会という諸悪の根源と真正面から激突した。ひるむことなく人類最大の偽善の中心部に向かって体当たりを繰り返し、そして、敗れ去り、衰え、ひねり潰されていったのである。その痕跡（証拠）は今に伝えられて、あちこちに残されている。それを探り当て、発見するのが私の任務、いや天命（ベルーフ）である。

あれも分からない、これも分からないと、いつまでもぐずぐず言っている暇（人生時間の余裕）など私にはない。あれこれを決めつけて、断定してゆくしかない。こう考えないと理屈が合わない歴史の諸真実を次々に並べて提示するしかない。

日本人のヨーロッパの理解は、その中心部分が抜け落ちているのだと私は書く。

「ルネサンス」という言葉が欧米の知識人層に広まり、大まかに概念把握されるようになったのは19世紀以降だ。初めて歴史用語として使ったのはジュール・ミシュレ（１７９８－１８７４）らしい。ミシュレは、フランスの民衆派の歴史学者で、ナポレオン3世の統治に反抗してコレージュ・ド・フランス教授を追放された人だ。

ドイツ人の歴史学者ヤーコプ・ブルクハルトJacob Burckhardtの『イタリア・ルネサンスの文化』'*Die Kultur der Renaissance in Italien*'（１８６０年）が書かれて大評判となり、やがて定説となった。この本でイタリアの（特にフィレンツェで起きた）ルネサンスは、ヨーロッパ中世からは断絶した特異な一時期だったという理解が生じた。ヨーロッパ中世（ミドル・エイジ）とは、

9世紀から16世紀の600年間で、その前は古代(エンシャント)だ。しかし同時に、ブルクハルトの本から「暗黒の中世」という考え方も生まれた。ヨーロッパ中世とは、ローマ・キリスト教会が支配抑圧した、1000年も続いた「暗黒の時代（ダーク・エイジ）」だった、とする。この理解でいいし、日本の高校の教科書（山川出版『高校世界史』）にもそう書いている。だが、ローマ教会が暗黒の時代をどのようにヨーロッパ人に強制したのか、ということの内容を誰も私たちに教えない。ブルクハルトが、15世紀のイタリア、特にフィレンツェが偉大だったと書いたのはよいのだが、それが「ヨーロッパ近代の始まり」と書いたあたりで問題となる。

近代（モダン）は、1500年代（16世紀）からオランダ・イギリス・北ドイツ・北フランスの地域（リージョン）だけで始まった、と断言したマックス・ウェーバーが世界の学問界では勝利した。私はマックス・ウェーバーの『プロテスタンティズムの倫理と資本主義の精神』（1904－05刊）には、大きな疑問をもっている。この本は悪書である。巨大な思想の偽造をやっている。ウェーバーは「第2のパウロ」だ。しかし、私は先を急ぐ。

ブルクハルトの「ルネサンス本」は温和であってつまらない。重要なことは、1430年代に、東ローマ帝国（ビザンティン）のコンスタンティノープルから大量のギリシャ人学者たちがフィレンツェにやって来て、大きな真実を外部からもたらした、それがルネサンスの始まりだったのだ。彼らが真実を教えた。ここに注目しなければいけない。

ブルクハルトは、「暗黒の中世」から断絶した（人類の）近代の輝かしい始まり、という考え方をルネサンスという言葉で定着させた。

ところが、21世紀のわれわれには、もうそんなキレイごとでは済まないことが分かってきた。イタリアのフィレンツェで起きたルネサンスの戦いは、共和政（レプッブリカ repubblica。古代ローマ時代からある人類の長い理想のこと）の最高度の到達点を示した。「共和政」とは何か、を日本人に理解してもらうためにも私はこの本を書く。一番簡単に言えば、「共和政(リパブリック)とは王様がいない政治体制のこと」だ。王様（国王）がいたらいけないのだ。

翻(ひるがえ)って、20世紀のこの100年間は、石油というエネルギー革命の力でヨーロッパを圧倒したアメリカの物量作戦で、アメリカが世界帝国であり続けた。アメリカこそが理想の社会だ、このような大繁栄を押し広げた「アメリカン・ウェイ・オブ・ライフ（アメリカ合衆国の中流白人層から上の生活様式）」こそは人類の理想社会の実現だ、とした。

1400年代（15世紀。クワットロチェント）のフィレンツェで世界一の金持ちになったのが、平民のまま（中世貴族でさえない）のメディチ家だ。「メディチ銀行」を興してヨーロッパ中に支店網（ネットワーク）を張りめぐらせたのがディ・ビッチ・メディチ（1360－1429）だ。このディ・ビッチの息子の老（ヴェッキオ）コジモが勉強熱心な財閥で、この大きな秘密（真実）に感づいた。そして、コンスタンティノープルから来たギリシア人たちの授業を自分も熱心に聴講して、「どうもローマ教会が教えてきたことはウソだな」と鋭く感づいた。

それで老コジモは、この人文主義者（ウマニスタ）たちのパトロン（資金援助者）となって、どんどん秘密を暴かせた。そのひとつが、旧約、新約の両方の聖書（バイブル）のギリシア語からラテン語への翻訳書の出版活動だ。大ウソつきのローマ教会の僧侶たちのウソがどんどんバレ始めた。これがルネサンスの本体であり中心だ。このために41ページの重要な絵にあるごとく、4人の人文学者たちの活動の重要性があった。①フィチーノ、②ランディーノ、③ポリツィアーノ、④ピコ・デッラ・ミランドラの4人である。

彼らは、コンスタンティノープル（ギリシア語世界）からやって来た⑤ベッサリオンと⑥プレトンという学者たちのフィレンツェでの講義（講演）が、イタリア語（すなわち、当時のトスカーナ地方の方言であった崩（くず）れたラテン語）に同時通訳されるのを聞いて、老コジモとともにうめき声をあげた。

「そうか。真実はこういうことだったのか。ローマ・カトリック教会は大ウソつきだ」と気

左からマルシリオ・フィチーノ、クリストフォロ・ランディーノ、アンジェロ・ポリツィアーノ。フィチーノは司教座聖堂参事会員の法衣を着ている。（サンタ・マリア・ノヴェッラ教会。ドメニコ・ギルランダイオ画）

この真剣なひそひそ話しの感じがいい。これが知識人たちの集っている様子だ。ルネサンスなるもの、そのものだ。分かれ。

筆者にとっては人生最高の、知識人なるものの理想像である。私の神棚に飾るべき絵だ。この絵と下の絵がロレンツォの間の横壁の上のほうに描かれているのを自分のカメラで撮ろうとして、写せなかったのが今も残念でならない。

中央がロレンツォ、その左隣がフィチーノ、さらに左がランディーノ、右から3人目の長髪の人物がピコ・デッラ・ミランドラ。
（ヴェッキオ宮殿のロレンツォ・イル・マニフィコの間。ジョルジョ・ヴァザーリ画）

づいた。その真実とは何か。ズバリと書く。それは、人間がこの世に生まれてきて生きているということは、罪悪ではない、罪ではない、ということだ。人間の生そのものは悪でも罪でもない、ということだ。だから、人間は、自分の生と生活を思いっきり楽しく、嬉しく生きていいのだ。これが真実だ。

それに対して、ローマ教会は「人間はすべて罪人として生まれている。人はすべて罪を背負ってこの世に生きている。だから、その罪（原罪。オリジナル・シン original sin）を死ぬまで償い続けなければならない。さらには死んだあとも償い続けよ。人間の罪を贖う、贖罪するためにキリストが死んだのだ」とする。これがローマ・カトリック教会の教えだ。これが巨大なウソであり、諸悪の根源だ。

このことに鋭く気づいたのが、15世紀のフィレンツェの人文主義者たちである。これがルネサンス（人間復興）である。これが新プラトン主義である。

そのためにフィレンツェの共和政治体制（まさしくミケランジェロたちの血の叫び）のための血みどろの戦いがあった。ルネサンンス＝新プラトン主義の、15世紀後半、１４４０年代〜１４９０年代にフィレンツェで、人類は最も高い次元に一度、到達したのだ。それ以来の５００年間である。このあとはたいして成長がなかった。そのように言うしかない。戦乱と恐慌（大不況）と災害と、苦労ばっかりの人生だ。

16世紀からあと、世界中で王様たちの時代が来てしまった。フィレンツェでのルネサンス、すなわちメディチ家が主導する新プラトン主義がしめ殺されて、それが終わったあとで、オランダやイギリスでようやく「西欧近代」が始まったのである。それでもずっと王様（支配者）たちの時代だ。この大きな真実を私はこの本一冊で語りつくさなければ済まない。そんな話はどうでもいいよ、と言わないでほしい。

私が、やっぱりこのローマ・カトリックこそは諸悪の根源である、と感づいていたのは、若い20代の頃からニーチェを読んでいたからだ。思想家フリードリヒ・ニーチェ Friedrich Nietzsche（1844－1900）の処女作『悲劇の誕生』（1872年）と『善悪の彼岸』（1886年）の中に、早くから、「人間の生を押し潰した」キリスト教への激しい糾弾がずっと書かれていた。そして、古代ギリシア的なもの、すなわち、人間の生への肯定と礼賛がずっと書かれていた。まさしく人間復興だ。

そして、それを抑圧するものとして、西暦325年のニケーア宗教会議（ニカイア信条）の時から、公然とパウロ教が出現した。「神の三位一体説（トリニティ）」という訳（わけ）の分からない教義と、人間の生そのものを「罪深いもの」として決めつけ、だから生涯を賭けて、その罪を償（つぐな）い、贖(あがな)い続けなければいけない、とローマ教会は教え続けた。今でもそうである。

人間の生そのものを罪悪にしてしまったら、この世は生き地獄と化す。そしてまさしく、生き地獄にしてしまった。人間を宗教の奴隷にしてしまった。今もそうだ。キリスト教会だけではない。その教えが変形して乗り移って日本にまで来た大乗仏教も、人間は業(ごう)(劫(カルマ))を背負っているとする。私は、この真実を暴(あば)き立てるために、2012年7月に『隠された歴史――そもそも仏教とは何ものか？』(PHP研究所刊、2012年)を書いた。この仏教についての本の「ヨーロッパ篇」がこの本である。

「悔(く)い改めよ！　悔い改めよ！」「リペント Repent !」、リペント！」「裁きの日は近い」というコトバをキリスト教ではとにかく唱える。しかし、これは人間に対する脅(おど)しだ。脅迫だ。人間はもともと、罪を背負って生まれたきたわけではない。ギリシア時代の人間たちは、生活を楽しむこと、人生を謳歌(おうか)することを何よりとした。だから、「ギリシア時代に戻ろう！　あのすばらしかったプラトンのアテネの時代に戻ろう」というのが、ルネサンス(人間復興)運動なのである。私はきわめて当たり前のことをいま書いている。この当たり前のことを、何に遠慮してか、日本でははっきりと教えない。

第1章
ローマ・カトリックの巨悪に対する反抗がルネサンスを生んだ

ローマで鳴り響いた「ルターを法王に！」という叫び

私は、この本1冊で、ミケランジェロとメディチ家と人文主義者（umanista（ウマニスタ）、のちのヒューマニスト）たちが実行した、これこそはヨーロッパの真髄（しんずい）であると呼ぶべき大きな闘いを描き上げ、暴（あば）き立てる。

ミケランジェロという、いまも世界的に有名な、世界最高でもあるこの芸術家の作品のすごさを、私はこの歳でようやく分かった。ローマとフィレンツェに行ってみて、ここがまさしくヨーロッパ文明の中心であり、出発点であることが分かった。20代、30代の旅行では分からなかった。

繰り返し書くが、ヨーロッパを日本人が考える場合に、一番大事なのは、フランスでもイギリスでもドイツでもない。やはり、イタリアの15、16世紀なのだ。イタリアはウィーンと並んで、音楽（オペラ）と芸術（美術）と文化の中心であるとされる。だから音楽家と芸術家（絵画、彫刻）を志す人々が留学してくる。多くの日本人留学生がその後の芸術家人生で夢破れていっただろう。しかし、文化・芸術の都市という言葉だけで、文化史、美術史、音楽史の人々にだけイタリアを任せっきりにしてきた。だから日本人は遠大なるルネサンス（ネオプラトニズム）思想運動の本当の意味が分からないまま明治開国以来の、この150年が過ぎ去った。

私が一番びっくりしたのは、やはり羽仁五郎が書いて、1939年に岩波書店から岩波新書の一冊として出した『ミケルアンヂェロ』の本の、185ページ（1968年改訂新版）に書いてあった次の1行だ。

そこにはこう書かれている。

> その（ドイツ皇帝軍の）ランツクネヒト部隊は（ローマ中を掠奪しつくしたあと）ローマ法王クレメンス7世が逃げたあとのサン・ピエトロ大寺院の広場で、また法王が身を隠したサンタンジェロ城の前で、（自分たち暴徒化した2万人のドイツ兵たちだけで勝手に）ルターを新法王に選挙して万歳を叫んだ。
>
> （羽仁五郎『ミケルアンヂェロ』岩波新書、改訂新版1968年、185頁、傍点引用者）

それは、つまりこういうことだ。カール5世という大王（ザ・グレイト）級に戦争が強かった、このあと神聖ローマ皇帝になるドイツ兼スペイン王がいて、それがイタリアに攻め込んできた。途中で、フランス軍とイタリア諸都市軍（レーガ・ロンバルディア）との戦争で、2人の最高司令官を次々と戦死させたものだから、怒り狂って暴徒化した。このドイツの傭兵（マーシナリー）部隊のランツクネヒト軍団（領主小姓（こしょう）、足軽（あしがる）兵の意味）という暴れ者たちがローマの城壁の守りを破って陥落させて、ローマ市内を荒らしまくった。初めの一日だけで9000人ぐらい殺したと記録にある。女も子どもも殺しまくって財物を奪い取り、ローマ市内全域を燃やして灰燼（かいじん）に帰させた。6か月の間、ローマで荒れ狂って暴虐を働いた。

　このドイツの傭兵たちのローマでの大暴虐を、「サッコ・ディ・ローマ」（ローマ劫掠（ごうりゃく））と言う。1527年の4月からだ。

　そのときのローマ教皇はクレメンス7世という。クレメンス7世は、ヴァチカンのサン・ピエトロ大聖堂から逃げて1キロほどのすぐ隣にあるサンタンジェロ城という堅固な城（カステロ）に逃げ込んだ。この岩の小城は、いまでもローマで有名な観光地だ。ここに逃げ込んだら、そこはドイツ兵たちも押し潰すことができなかった。

　私が一番驚いたのは、ローマ市内を焼き尽くし、金品財物を掠奪し尽くし、女性たちを強姦し、殺し回ったあと、このサンタンジェロ城の周りを埋め尽くしたドイツ兵たちが、「お

1527年、ローマに進軍してきた神聖ローマ皇帝軍のランツクネヒト軍団は、暴虐の限りを尽くし、その後、サンタンジェロ城へ逃げ込んだクレメンス7世を追って城を取り囲み、こう叫んだ。「マルティン・ルターを教皇にせよ！」

いろいろな意味で今も興味深い人物である。

マルティン・ルター（1483-1546）
僧侶（神学者）であるのに、決意して尼さんと結婚して子供を作った。愛人たちにも子供を生ませた。

前（＝クレメンス7世）なんか法王をやめてしまえ、退位せよ。殺してやる。マルティン・ルターを我らが新しいローマ教皇にする」と言って、怒号をとどろかせたという事実である。

これがヨーロッパ史を勉強する上でおそらく一番大事な知識だと私は思った。

ドイツから攻め込んできた血に飢えた兵隊たちが、ローマ教皇に向かって退位せよと迫った。そして、新しいローマ教皇にプロテスタント運動、すなわち反ローマ・カトリック運動を始めたルターの名前を挙げて、彼をヨーロッパ全体のキリスト教会のトップに据えろと叫んだという事実である。

当時、雇われ兵になどなる人間は、最下層の人間である。農奴（農民は当時、半分奴隷である）よりももっとひどい処遇の、食い詰め者の強健な若者たちだ。三食の食事を求めて一万人単位で、ドイツ諸侯によって飼育（しいく）されていた。本当だ。そして、このドイツやスイス（山岳地帯のやせた土地だ）の傭兵部隊は一万人単位で、たとえばイギリス国王に買われた。そしてアメリカ独立戦争（1775－1783）の時は、イギリス国王軍（ロイヤル・アーミー）の兵隊として、ジョージ・ワシントン率いるアメリカ独立軍と戦ったのである。18世紀でさえ傭兵部隊（職業軍人の群れ）というのは、真実はそのような、売り買いされる奴隷兵士なのだ。この無惨な歴史の真実を私たちは知るべきだ。アメリカの独立が達成されたあとは、この買われてきたドイ

⬆サンタンジェロ城
著者が撮影した。

サンタンジェロ城はこの水道橋の下の通路を通じて向こう側のヴァチカン政庁、サンピエトロ大聖堂とつながっている➡

当時の投石機➡

ツ傭兵たちは「ペンシルバニア・ダッチ」と言って、ペンシルバニア州やバージニア州などの農民になっていった。ダッチ（オランダ人）と言うが、本当はドイツ系の兵隊くずれの人間たちである。それが今もアメリカ合衆国に3000万人いるドイツ系白人アメリカ人の始まりだ。今の世界を支配しているロックフェラー家も、ロッケンフェルダー（ロッケンフェルト村の人）と言って、この時、ドイツから来た傭兵の家系だろう。

　こういう一点からヨーロッパの本当の歴史が分かってくる。私たちはキレイごとのヨーロッパ史、アメリカ史しか習っていない。

　当時のローマは、ローマ教皇が住んでいるヨーロッパで一番力のある場所だった。日本で言えば京都のような都市だった。

　そして、そのときのクレメンス7世はメディチ家出身である。偉大なるロレンツォ・イル・マニフィコ（1449－1492）の甥っ子であった。つまり、メディチ家出身のローマ法王だったのだ。

　このカール5世の軍隊は、このわずか2年後の1529年には、ローマから200キロくらい北にあるフィレンツェの都市を包囲する。そして、共和主義者（repubbicanesimo（レプッブリカネージモ））たちが民衆とともに立て籠（こ）もっていたフィレンツェを陥落させる動きをする。この年、オスマン・トルコ帝国のイスラム教徒軍が帝都ウィーンまで攻めてきて、バルカン半島をすべて占領していた。ウィーンはなんとか攻城戦で持ちこたえた。イスラム教徒軍は撤退した。このあとハンガリーやギリシアは以後150年間、トルコ・イスラム帝国に支配される。それでドイツ皇帝軍はフィレンツェ包囲のほうに増強された。

その次、何が起こったか。神聖ローマ皇帝カール5世とクレメンス7世がボローニャで話し合いをして、フィレンツェをメディチ家の支配下に置き、メディチ家を大公（国王）にして、トスカーナ大公国という国を作るという大方針を決定した。何とクレメンス7世はローマを焼き尽くした相手（皇帝）と手を結んだのだ。これでフィレンツェが自治都市、自由都市、共和政だったそれまでの400年間の偉大な歴史が押し潰された。

以後のヨーロッパはすべて国王たちとローマ教皇が支配する世界となる。デモクラシー（民主政）がヨーロッパ各国で出現する1870年代まで、このあとヨーロッパは340

ヴェッキオ宮殿
ウフィッツィ美術館2階テラスから見た

年の間、王様たちという残酷な軍事的暴力者たちが支配する世界である。人類の先進地帯であるヨーロッパでこうなのだから、アジアや南米などは、１９００年代（20世紀）までずっと奴隷・土民国家のようなものだ。

私たちの日本国であっても、人権（ヒューマンライツ）と民主政治（デモクラシー）というコトバが出現し、公然と語られるようになったのはいつか。それはなんと１９４５年、第2次世界大戦のあと（今から76年前）なのである。たった76年しか経っていないのだ。ここで簡単な真実を書く。民主政治（デモクラシー）とは共和政治（リパブリック）（共和国）から３００年遅れて出現した大衆（ピープル）を大事にする政治体制ということだ。このことを日本人はよく分かっていない。

だから、この１５２９年にフィレンツェが包囲され、翌１５３０年8月には陥落して共和政治（王様がいない）体制が押し潰された、という事実は、今ものすごく重要だ。このことを碩学（せきがく）羽仁五郎は『ミケルアンヂェロ』で私たちにしつこく教えたのだ。そしてこの本を、この50年間で私たちはほとんど忘れ去った。誰も見向きもしなくなった。ここには、仕組まれた計略がある。

大商人たち（これを市民（シチズン）と言う。上層市民でもいい）の連合体が直接、都市の政治を自分たちで動かす、統治する。貴族や君主（国王）を認めないという思想。これが共和政（共和制。

リパブリック）である。1200年代に出現した。自治都市、自由都市ともいう。これが絶対主義王政（アブソルーティズム）に敗れ去った。そして、1776年に、ようやく北アメリカでデモクラシーという政治制度が史上初めて出現したのだ。それがアメリカ合衆国だ。彼らは王政（王制）を拒絶して、民衆の直接選挙で統領を選ぶことに決めた。これは共和政治でもある。デモクラット（民主党員）が現れたのはまだずっとあとだ。

ミケランジェロは生涯、彫刻と絵だけを描いていたわけではない

共和国であるフィレンツェでミケランジェロが生きていた。メディチ家の偉大なる老コジモとロレンツォは、シニョリーア（統領、僭主）として最高実力者だ。が、平民（ポポロ）のままだった。ミケランジェロと23歳年上のレオナルド・ダ・ヴィンチの二人は、1501年にどちらも有名な芸術家として出会っている。ただし、この時23歳のミケランジェロは、ダ・ヴィンチに対して、それほど礼を尽くした態度をとっていない。

このとき、ミケランジェロが仕上げた素晴らしい作品である、例の青年ダヴィデ像（17ページ）を、どこに置くかの委員会が開かれて、ミラノから帰ってきていたダ・ヴィンチも選

考委員になった。ヴェッキオ宮殿というフィレンツェの自治都市のど真ん中にある一番大切な、自治都市の大議会場（五百人広間）もある、その建物の正面玄関の入り口の脇に置くことが決まった。そして今でもそこに置いてある。世界中からみんながこれを見に来る。この裸体のダヴィデ像はよく知られた、例の超有名な若者の像だ。この彫像の持つ意味の深さを誰も知ろうとしない。

二人はこのあと、このヴェッキオ宮殿（自治都市の政府ビル。議場もある。現在も市議会がここでひっそりと開かれていて、それを私は見てビックリした。今はしょんぼりただのそこらの市役所だ）の中の五百人広間の両側の大きな壁に「アンギアーリの戦い」という、ミラノとフィレンツェが戦って勝ったときの壁画をダ・ヴィンチが描き、反対側の、向かって右側の大きな壁に、フィレンツェがピサと戦ったときの「カッシーナの戦い」の壁画をミケランジェロが描くという競争をした。フィレンツェ政府から二人に正式の依頼があった。事情があって、両人とも完成させることができなかった。

そして、その60年後には前述したミケランジェロの弟子のジョルジョ・ヴァザーリ（『芸術家列伝』を書いた）が、両側の壁の絵を描いた。しかし、いまでも囁（ささや）かれ、実際に言われて

現在のヴェッキオ宮殿の五百人広間の両側の壁

この下(裏側)にミケランジェロの「カッシーナの戦い」とレオナルド・ダ・ヴィンチの「アンギアーリの戦い」の未完の絵が今も隠れているらしい。

いるのは、今ある両方の絵の裏側の3センチメートルくらい奥に、完成しなかったその二つの絵が両方とも有る、ことだ。美術史家や歴史学者たちの多くが「裏側にある」と言っている。実際に前面のヴァザーリの絵の一部を切り取って裏を見た学者が二人いる。そのことを青木昭氏が写真入りで証拠を見せている（『図説ミケランジェロ』『図説レオナルド・ダ・ヴィンチ』、河出書房新社）。

ただし、これ以上、下に隠れているミケランジェロとダ・ヴィンチの絵を取り出すことはしないと決めているらしい。

ミケランジェロの偉大さを、日本人は簡潔に理解できない。彼は89歳まで長生きした。24歳のときに、すでにサン・ピエトロ大聖堂のこの（左ページの）ピエタの像を作った。これがおそらく人類史上最大の作品だ。1500年に完成している。24か25歳のときである。その次がダヴィデ像で26歳から28歳のときの作品だ。

1529年と1530年に、フィレンツェで自治都市が敗れ去った重要な激しい戦いがあった。そのとき、ミケランジェロは54歳になっていた。フィレンツェ市を守る都市防衛委員会の築城（ちくじょう）委員長になった。9人委員会という司令官（コマンダンテ）たちの集まりのひとりになった。この

キリストの遺骸を抱く妻のマグダラのマリアの愴絶な姿

サン・ピエトロ大聖堂のピエタ
これが今も西欧世界最高の芸術作品
ミケランジェロ、24歳の作品

1529年の10月から、フィレンツェ市は皇帝軍に包囲された。ローマ教皇のクレメンス7世がお金を出して、カール5世のドイツの軍隊が包囲した。スペイン人の雇われ兵士たちも大勢いた。フィレンツェ市としては、フランス国王のフランソワ1世に助けてもらおうと思って、援軍が来るのを待っていた。しかし援軍はついに来なかった。

1530年の1月ぐらいから激しい戦いになった。ミケランジェロは築城建築家でもあるから、ほんとうの専門家として、いまの「ミケランジェロの丘」(かつてはサン・ミケーレの丘)を最前線の城塞にした。その真ん中に塔があって、その上に大砲を据えつけた。これで包囲している軍隊と戦うという作戦をミケランジェロが考えた。ところが、十分なお金や資材をフィレンツェ政府が建設用に拠出しない。実際、戦争が始まると、そのサン・ミケーレの丘は狙われて、敵の大砲の弾が当たり、炎上する。ミケランジェロはこの大砲を置いてある塔を守ろうとして、塔の周りを絨毯(じゅうたん)みたいなもので取り囲んで敵の砲弾(当時は丸石の球)から防いだ。このサン・ミケーレの丘の防御壁をもっと固めていたら、戦いをもっと有利に運べたのだ。

要塞はだいたい、箱(函)館の五稜郭のような星形をしている。星のとがったところに大砲を据えるというかたちだ。戦闘の時の一番強い最先端のお城である。日本の戦国時代の終

キリストの左側のペテロやパウロははっきりと悪人として描かれている

5年を費やした大作「最後の審判」(1541年、66歳で完成)

わりの大阪城の攻防戦（１６１５年、豊臣氏対徳川氏）でも、この西洋式の星形砲台築城となっている。

このときのフィレンツェ籠城戦では、内部に裏切り者たちが続出して、８月８日にはフィレンツェ自治（自由）都市が陥落してしまう。フィレンツェ自治政府の軍人の最高司令官であったマラテスタという男が裏切った。それに対して、フェルッチョという勇敢な軍事指導者がいて、彼が最後までフィレンツェを守ろうと英雄的な戦いをした。ヴォルテッラという、フィレンツェから東に70キロメートル離れた最前線の町を奪還して、そこで強靱（きょうじん）な戦いをやっていた。が、最後にはそこも放棄して、７月には従属都市ピサのある海のほうをぐるりと回って、フィレンツェに帰ってこようとした。しかし、最後の最後で、戦って死んでしまう。それが１５３０年の８月だ。

マラテスタは皇帝・教皇側と内通していた。敵軍が突入してきて降伏を受け入れて８月12日に降伏した。このあと８月20日からはフィレンツェは自治都市ではなくて、メディチ家のボンクラ人間たちが君主（モナーク）待遇のトスカーナ公国になってゆく。やがて、コジモ１世が大公（アーチデューク）として治める小さな君主国にされてしまう。それは１５５０年代からだ。ミケランジェロはまだローマで生きている。「最後の審判」（１５４１年完成）も描き上げていた。コジモ1世は、ロレンツォの血統ではない弟家のほうだ（154ページ系図参照）。フランス国王のアンリ2世のお妃となっていたカトリーヌ・ド・メディシス（カテリーナ・デ・メディチ）は、曾祖父（そうそふ）のロレンツォの啓蒙思想を受け継いだので同族のコジモ1世の君主制を嫌った。

近代はいつどこで始まったのか

だから、1530年がヨーロッパ全史の中で重要な、自治・自由都市の思想が壊れた記念の年である。このあとはヨーロッパ全土が絶対主義王政（アブソルーティズム）の王様たちの時代となった。人類史がここで、反動化（リアクション）し、逆流した、と考える多くのリベラル派の歴史学者たちが今もいる。なぜ、ここで自治都市が敗れ去って、「人類が反動化」したのか、その謎は今も誰も解けない。この1527〜1530年のフィレンツェ籠城戦を高く評価し、素晴らしい筆致で描きつくした羽仁五郎の『ミケルアンヂェロ』にも、その理由は書かれていない。

ヨーロッパは以後、愚劣な国王（君主）たちによる領土争いと、支配・抑圧の世界となる。

今も実はそのままだ。王様を名乗らない実質支配者たちが、世界を操(あやつ)っている。それでも「北に移ったルネサンス」である「北方ルネサンス」のオランダ自治都市連合としての「ネーデルラント共和国」の戦いにつながってゆくし、ドイツのハンザ同盟（バルト海沿岸の都市同盟）やフランス、イギリスの都市市民たちの隆盛は続く。

それでも、この１５３０年に、人類史はここフィレンツェで大きく一敗地にまみれた。今もなお、この敗北から立ち直れないままに、穢(きたな)らしい現実政治(リアル・ポリティクス)の、騙し合いの、悪者たちによる政治が続く。悪者（悪人）でなければ政治家、権力者にはなってはいけない。いや、なれるはずがないのだ。ということをニッコロ・マキャヴェッリ（１４６９－１５２７）が書いた。マキャヴェッリは、１５００～１５１２年のフィレンツェで中途半端だった共和政治（自治都市）のソデリーニ（という指導者）の共和政府のもとで、ナンバー２の政治家としてずば抜けて優れた実務能力で共和政治を実行した。その敗北（マキャヴェッリたちの追放処分）の直後に書かれたのが『君主論』*Il principe*(イル　プリンチペ)（１５１３年完成）である。

なぜ、人類には今も王様（日本の天皇もただの国王(モナーク)（キング）である。世界（史）基準では皇帝(エムペラー)ではない）がいなくてはいけないのか？　共和国や、デモクラシー国を名乗っていても、実態はどこの国にも（今のアメリカ帝国でさえも）、実質は裏に隠れた独裁者（最高権力者）がいて悪どい支配をやっている。

私たちがヨーロッパ史を勉強していて分からなくなるのは、「近代(モダン)ヨーロッパというのが成立したのはオランダとフランドル地方（いまのベルギーあたり）と北フランスとイギリスである」ということになっていることだ。この北ヨーロッパの地域(リージョン)で１５００年代から近代市民社会が成立した、ということになっている。近代資本主義の成立もこの時だということになっている。オランダの諸都市と北ドイツとフランスとイギリスだけで「近代(モダン)」が成立したということになっている。このようにマックス・ウェーバーという学者が言い切った。そしてそれが今の世界中の社会学・経済学・政治学で通説（支配説）となっている。そのようにウェーバーが言い切ったことが今に響いている。ここに大きな謎というか、世界基準の現代学問の裂け目、割れ目が横たわっている。私は、ウェーバーの「オランダ、北ドイツのみで近代が成立した」理論を強く、深く疑っている。

もうひとりはブルクハルトが、どうもこのあたりをしっかり分類できなかったからだ。彼は歴史学者といっても、文化史、教養・芸術史のヨーロッパ人だ。ブルクハルトはスイスのバーゼル大学の教授として、ニーチェと親交があった。弱冠25歳でバーゼル大学教授になったニーチェ（１８６９年）は、ブルクハルトの講義も聴講したという。しかし、ニーチェの鋭い分析とは異なり、ブルクハルトの穏和さには鋭さがない。

１５７５年に、オランダのライデン市が解放された。この時のオランダはスペイン・ハプスブルク家が宗主国（コロニアル・マスター）だった。スペインの軍隊を撃退して、オランダ独立運動が激しく１００年間続いて、ライデン市がようやく解放を勝ち取った。このときが「近代市民社会の成立の年」と言う。もうひとつ、１５８１年に、オランダの都市同盟（ユトレヒト同盟）が「忠誠破棄宣言」を出した。スペイン国王に対する「忠誠心を破棄する」と宣言したということが、それがオランダ独立革命戦争の勝利であり、これが「近代憲法典の始まり」と言われている。憲法（コンスティチューション Constitution）による国家の自己規定（自分をも縛ること）がこの年から始まった。国王たちといえども、憲法典の枠の中に入り、それに服従しなければならない、という政治体制にこの時から徐々に各国でなっていった。それが立憲君主政（コンスティチューショナル・モナーキー）である。日本の今の天皇制も、明治天皇体制も、この立憲（憲法によって王権が規制されている）君主政なのである。

ところが、オランダで１５００年代に始まった近代（モダン）よりも、１００年早く南のイタリアで１４３０年代から「ルネサンス」という言葉で語られる思想運動が、近代の人間像を作った。そこには人文主義者たちの激しい思想闘争があった。

ところが、世界中の学者たちが1500年代からの北ヨーロッパで近代が生まれた、とマックス・ウェーバーの影響でしつこく書くものだから、どうもイタリア・ルネサンスの巨大な意義がひどく軽視されてしまった。確かに、奴隷労働、奴隷売買（人身売買）が半ば公然と許され、認められていたかどうかで判断すると、真実のところはフィレンツェの1400年代には、まだ奴隷売買があったようである。メディチ家でも奴隷売買、麻薬売買をやっていたはずなのだ。このことを考えなければいけない。北ヨーロッパでは、プロテスタント商人たちが奴隷売買をやめたようだ。

前出したマルティン・ルターは、1517年に「95ヶ条のテーゼ（質問状、命題）」をヴィッテンベルクの修道院の大会議室（兼大食堂）の壁に打ち付けた。これが宗教改革の始まりと言われている。このあとヴィッテンベルク城に逃げ込んで、そこで匿われた。フリードリヒ賢明侯（1463－1525）たちに守られながら、北ドイツ一帯に広がった支援を受けて、ルターはその次に（ラテン語からではなく）ギリシア語からドイツ語へ新約聖書の翻訳を始めた。これが1522年に完成している。すでにグーテンベルクの活版印刷技術があったので、この後ものすごい勢いで、おそらく100万部くらいの部数でルター訳のドイツ語の聖書が売れた。ヨーロッパの民衆が真実を求めてむさぼり読んだのだ。

当時、本というのは非常に貴重なもので、いまで言えば一冊30万円、50万円するものだったろう。大正時代の日本で大人気を博した教養書の「円本」（一冊一円と決めた）でも今の1万円ぐらいの高価なものだった。ドイツ語圏の都市の金持ち層から、余裕のある農民層までが読み始めた。これでプロテスタント運動が止まらなくなって、燎原の火のようにさらに燃え広がった。それはローマ・カトリック教会に対する激しい批判と憎しみの運動であった。だから、やっぱり今に至るもローマ・カトリック教会がどれくらい悪い集団であるか、という話なのだ。

新約聖書（ニュー・テスタメント）というのは、「イエス・キリストというひとりの男の物語」なのである。それが神であるとか、死んで神になった、という話ではない。イエスという男が、パレスチナ地方を勝手にあちこち動きまわって、首都エルサレムに紀元36年に入って来て、「自分はユダヤの王（ＩＮＲＩ）だ」と言ったものだから大騒ぎになって、その年のうちに殺されてしまった。その言行録である。キリスト教の新約聖書というのは、だから「イエスという男（ひとりの人間）の物語」のことなのである。たったこれだけのことも、今現在も言ってはならないらしいのである。私は不思議な感じがする。

キリスト教会の原罪という思想のインチキに気づいたのがルネサンス

ルネサンスというコトバを、日本人は「文芸復興」という言葉で習って、それだけでそれ以上は何も考えない。どうも日本人のヨーロッパ学者たちでさえが、ルネサンスの研究家であっても、ルネサンスのことが分からない。「再生」という意味だから、フランス語で renaître、イタリア語、スペイン語では「リナシメント」だ。何が再生、復活したんだ、ということになると、誰も答えない。「彼らはギリシア（的なるもの）を復活させた、再生したのだ」とはっきりと書かない。「ギリシア的なものを、何が何でもローマ教会に逆らって、殺される覚悟で再生復活させた」ということなのだ。塩野七生さんでもこのことをはっきりと書かない。何が復興して再生したかを語らない。

樺山紘一氏も分かっていない。そのほかの日本人学者でルネサンス期のヨーロッパの歴史や思想を研究している人たちが、この定義（デフィニション）ができていない。私たちにはっきり伝えようとしない。だから、私がこの本で、明確に輪郭づける。ルネサンスは、1439年にフィレンツェで公会議（エキュメニカル・カウンシル）が開かれた年から始まり、直後に勉強会となり、

1459年からは正式の研究所となっていった新プラトン・アカデミー（アッカデミア・ネオプラトニカ accademia neoplatonica）という激しい思想運動のことなのである。

このアッカデミア・ネオプラトニカ「新プラトン学院」が、ネオ・プラトニズム（新プラトン主義）という、神秘主義（ミスティシズム）を含んだプラトン思想の、内面から燃え上がるような恋愛感情やエロスの激情のようなものを肯定する自由思想の運動だ。それはローマ教会が上から強制する秩序（オーダー）とのぶつかり合いに必ずなった。それと対決して新プラトン主義者＝人文（じんぶん）主義者（ウマニスタ、ヒューマニスト）＝ルネサンス人間たちは「お前たち、カトリック坊主たちは、巨大な嘘つきで、抑圧者で、偽善者たちだ」と激しく疑問に思った人たちなのだ。

まだ教会否定にまでは到達しない。無神論者（atheist エイシイスト、アテイスト）だと自分で宣言（告白）したら、すぐにつかまって火炙りの刑にされた時代なのだ。今の今でも、欧米のエリートたちの社交の場で「私はエイシイストです」と言い放ったら、周囲にギョッとされる時代なのだ。エイシイスト（無神論者）とは、今でも破壊活動家のような扱いなのである。

プラトン（紀元前427－紀元前347）というギリシアの哲学者の名前が急にここで出て

きて、何を意味するのか、みんな分からない。私もまだよくは分からない。この本ではプラトン哲学（思想）とは何か、どういうものなのかは書かない。書けない。偉大すぎるからという意味ではなく、私自身の実感を伴って説明できないからだ。

どうも、ルネサンスというのは、ギリシアの紀元前４００年前後を生きたプラトンという学者の思想をラテン語（イタリア語）に訳して、みんなで真剣に真顔で、大の大人たちが読むことだった。ヨーロッパ一の大金持ちのメディチ家の老コジモもその孫の偉大（イル・マニフィコ）なるロレンツォも、それに熱心に参加した。そして読んでびっくりすることばかりだった。プラトニズムだから、きっと愛とか恋とか、激しい情熱とか、精神が豊かなこと優れていること、人間に関わるあらゆる情熱のほとばしりみたいなものを、すべて肯定する運動であったろう。これをユマニズム（ヒューマニズム）の始まりという。人間という生き物を礼賛（らいさん）するのだ、ということになる。

フランス文学者で東大教授の渡辺一夫とその弟子の大江健三郎がフランス語で「ユマニスト、ユマニスト」と賞賛したから、ユマニスト、すなわちヒューマニストというのは人間を大事にする思想だろうくらいのことは少年時代から私は知っていた。しかし、それ以上のことを彼らは書いてくれなかった。何がそんなに人間礼賛というのが素晴らしいのかを、誰ももう書かない。黙ってしまう。ギリシア的な、健康な人間の裸体の復活、ということさえ言わない。羽仁五郎だけはなんとか書いた。桑原武夫や大岡昇平でも書かなかった。はっきり言うと、やっぱりローマ・カトリック教会が悪なのだ。彼ら坊主たちが、人間の素朴な生き方、正面からの素晴らしい、人間の生（な）まの生活そのものを肯定することを許さなかった。このことが一番いけない。だから、１４５９年から始まった新プラトン学院（アッカデミア・ネオプラトニカ）の運動の何がすごいかと言えば、やはり、キリスト教の正統を名乗るローマ・カトリック教会に巨大な悪が隠されて有るのだ。それは原罪（げんざい）という思想を人間に押しつけたことだ。そのことに当時のヨーロッパの先端人だったフィレンツェ人たちが気づいたということだ。

原罪（original sin（オリジナル シン））というのは、人間がこの世に生まれてきたことそれ自身が大きな罪である、自分が生きていること自体が大きな罪を背負っているのだ、という考え方だ。「人はみな罪人」と言えば、誰でも分かる。罪を背負って生まれてきた私たち、だ。だから、その罪を贖（あがな）わなければいけない。その罪をひたすら謝罪して、ひたすら悔い改めなければいけない。一生涯かけて償（つぐな）い続けなければいけない、という考えである。よくよく考えたらとんでもない思想だ。これがローマ・カトリック教会の根本のところにあるワルの思想である。人間の生そのものが罪悪であるはずがないではないか！

「貧しき者は幸いなれ」とか「狭き門より入れ。大きな門から入る者たちは金持ちたちであり、神はこの者たちを祝福しない」とか、とにかく貧しい者、虐げられた者を礼賛しようとする。ところが、カトリック教会の大司教や枢機卿たちはでっぷりと太っていて、いかにも飽食の限りをつくしている。

このカトリック教会の原罪という考え方がどのくらい悪質な考え方であるか。いまの私たち日本人も知るべきなのだ。なぜなら、人間が生まれてきたこと自身が、罪悪であったり、悪いことであったりするわけがない。

だから私も、ルネサンスの人文主義者やニーチェとともに、カトリック・キリスト教と闘う。

もっとヘンな話をすると、私がかつて書いた本のことで、部落解放同盟という差別、被差別と闘う団体というのがあって、20年前に奇妙なことがあった。部落解放同盟の学習教材として、私の文章が使われている。私が自分の本にたった1行書いた文章を取り上げて、「副島隆彦の本は罪を犯した。悔い改めるということをしない」としている。私に対してはいっさい直接の抗議は来ない。出版社に対して陰険に抗議があっただけだ。彼らは市役所職員のまま食肉加工業者をやっていた。私が、ドイツの劇作家ベルトルト・ブレヒトの『屠殺場のヨハンナ』'*Die heilige Johanna der Schlachthöfe*'という、ドイツ語の有名な諷刺劇の中の、その「屠殺場」という言葉を自分の本の中で使った。たったそれだけのことだ。現在では、部落解放同盟は「屠場」は良しとする。しかし「屠殺場」はダメと言っている。「食肉加工市場」と今は言う。そこで、牛や豚をたくさん食肉用に殺さなければいけない仕事に従事している自分たちは、動物たちの悲しみをたくさん背負って、罪を背負いながら生きて、それを職業にして、その重い罪を償い続けているのだ、という考えで動いている。

　このようにして、世界中の各国の差別反対運動の中で、今も総本山であるローマ・カトリック教会に日本の部落解放同盟がつながっている。

　人は罪を背負って生まれてきた。だから、その背負っている罪をすべての人間がそれぞれ贖わなければいけないという思想を作ったのが、パウロ（Paulus、ポール）である。イエス・キリストその人ではない。ペテロ（Petrus、初代のローマ教皇と後にされた）も、同じくこの「人間原罪説」を唱えた。この根本教義でローマ・カトリック教会はできている。「謝れ、謝れ。罪を償え、償え」と朝から晩まで説教することで、すべての人間を自分たちローマ教会の奴隷にした。

これは許しがたいことだ。このことにハッと気づいたからこそ、ルネサンス人たち、即ち新プラトン主義の人文(じんぶん)知識人たちと、その支援者のメディチ家は、大きな真実を暴き立てて闘った。人間は生まれながらに罪など背負っていない。生まれたこと自体も、生きていることも罪悪であるはずがない。人は皆、自分の生をできる限り楽しく、朗(ほが)らかに、おおらかに謳歌すればいいのだ。この人間礼賛(人間復興)の思想は、カトリック教会の対極にあり真(ま)逆(ぎゃく)にある思想である。

ローマ・カトリック教会がウソつきの集団であることに気づいたのがルネサンス

私がこのことを理解したのは、やはり若い頃ニーチェの本を読んだからである。ニーチェは激しく、ローマ・カトリック教会の原罪の思想と闘っていた。それが若い頃の処女作『悲劇の誕生』(28歳)の中で書いたディオニュソス的(バッカス的)という思想だ。お酒を飲んで、女(男)を愛して恋をして、男女の愛を必死に求めて、まあ、こんなにも享楽的な快楽を求める生き方もあるものだと思った。この「ディオニュソス的」という考えは、ヨーロッパの19世紀終わり当時の社会でも嫌われたようだ。

古代ギリシャではオリュンポスの神々が人間と同じ姿形をして、人間ともつき合い、豊かに朗らかに、食糧やお酒が満ち溢れて、楽しく生きている人間たちの姿を描いた。それをやるな、やってはいけないことだ。それは生きていること自体が苦しみであり、ひたすら努力し、権威に屈従するべき人間の生を、喜びに変えてしまうことだ。それはいけないことだと、ローマ・カトリック教会が、2000年間にわたって、神の奴隷（しもべ）になれと私たちに押しつけた。

だから、私はミケランジェロやダ・ヴィンチやメディチ家、ダンテ、マキャヴェッリをこの本で扱うことで、ルネサンスとはなんだったのかをこうやって真っ正面から解き明かした。それは、ローマ教会が全人類に押しつけた、いじましい、けち臭い思想との闘いだった。そして、それはヨーロッパという先進的であるはずの白人世界の、この2000年間のみじめな姿だった。何度でも言っておくが、私はローマ・カトリック教会になんのうらみもない。いじめられた記憶もない。迷惑をされたこともない。プロテスタントを含めて、キリスト教系教会にこれまでに何回か行ったことはある。それ以上のご縁はない。私は無宗教nonbeliever（ノンビリーバー）だ。それでもローマ教会は人類に多くの災厄（さいやく）を行った。

今こそニーチェを理解しよう。彼は全てを見破っていた

フリードリヒ・ニーチェ
Nietzsche, Friedrich Wilhelm

1844-1900. ドイツの哲学者。リュッツェン近郊のレッケンに生る。プォルタ学院で教育をうけ(1858-64)、ボン、ライプチヒ両大学で(F. W.)リッチュルについて文献学を研究(64-67)、ギリシア精神に魅力を感じ、(A.)ショーペンハウアーの意志哲学に惹きつけられ、また(W. R.)ヴァーグナーに傾倒した(68)。(スイス)バーゼル大学教授(69)。ここでブルクハルトと出会って親交始まる。普仏戦争に従軍(70)、このとき以来患った偏頭痛と眼疾とのため後に教授職を辞した。

《悲劇の誕生 Die Geburt der Tragödie, 1872》で生の歓喜と厭世、肯定と否定とを芸術的形而上学に築き上げ、《ツァラトゥストラは斯く語りき Also sprach Zarathustra, 1883-91》で彼の成熟期が始った。《善悪の彼岸 Jenseits von Gut und Böse, 1886》では古い価値に代る生肯定の新価値を創造すべきと力説し、《道徳の系譜学 Zur Genealogie der Moral, 1887》では弱者の道徳に対して生の統一を与える強者の道徳を樹てようと試みた。

《権力への意志 Der Wille zur Macht》は、麻痺狂が嵩じ全く知能を失った(89)ため、未完に終わる。権力意志を生の原理とする思想はニーチェに早くから存在するが、それは神なき近代精神の本質を最もよく象徴するものである。ヴァイマルで歿。

(『岩波西洋人名辞典』から抜粋・加筆)

再度書くが、a the ism（エイ・シ・イズム）無神論を口にすると、欧米社会では大変なことになる。ヨーロッパ・アメリカ世界では、今でも過激派か破壊活動家みたいに思われる。ヨーロッパ人の多数派はもう教会に行かなくなった。それなのに、今でも「無神論者です」というコトバを使うことを恐れる。フランスではこれを短くアテ〝athé〟と言う。だから、私たち日本人は「私は信仰をもっていません」とか、適当に「ブッディストです」と言っておくのが無難である。ノンビリーバーというコトバが一番いい。自分はアジア人なのでキリスト教徒ではない、ということで、これなら穏やかなコトバだ。

ニーチェは晩年に『アンチ・クリスト』（1888年刊）という本を書いて、激しくローマ・カトリック教会を糾弾（アキューズ）した。さらにはキリスト教そのものまでニーチェは嫌った。それはキリスト教が〝弱者の思想〟だからだ。何でもかんでも、とにかく弱い者の味方をすることが、無前提に正義（ジャスティス）で善（グッドネス）だとしているからだ。それは確かにイエス・キリストの教えの中にもある。貧しい者、虐げられた者、弱い者ほど素晴らしいのだ、という思想である。虐げられて、貧しくて、恵まれなくて、愚かであり、ずる賢くなく、病気ばかりしている障害者であるほうが、そのほうが神に近いのだ、という考え方になってしまう。キリスト自身が本当にそんなことを言っているか分からない。しかし、解釈していったら確かにこうなる。

のちにアンドレ・ジッドのようなフランス人のカトリック作家が『狭き門』という小説も書いた。「狭き門より入れ。狭き門から入る者は救われる。狭き門から入れるのは貧しき者、虐げられた者たちである」と書いて、金持ち、裕福者たちを差別した。この「貧しき者ほど救われる」という思想をローマ・カトリック教会が、巨大に増幅して、大きくして、自分たちの信仰の原理に置いてしまった。ところが僧侶たち自身は少しも虐げられた人々ではない。

キリスト教がいかに倒錯(パーヴァージョン)した宗教であるかということを、ニーチェは『善悪の彼岸』(1886年)の中で書いている。

キリスト教の信仰は最初から供犠(くぎ)である。すべての自由、すべての矜持(きんじ)、精神のすべての自己確実性を犠牲に供するということである。同時に、奴隷化・自己嘲笑・自己破壊である。軟弱で多様で甚だしく甘やかされた良心に要求されるこの信仰のうちには、残忍と宗教的フェニキア主義とがある。この信仰の前提は、精神の屈服は名状しがたい苦痛を与えるということであり、そうした精神にとって「信仰」は《極度の背理》として現れて来るため、この精神の全過去と全習慣がこれに反抗するということである。

（ニーチェ『善悪の彼岸』木場深定訳、岩波文庫、89頁）

これがニーチェのキリスト教に対する激しい批判の文である。この訳文は、ドイツ語原文からの正確な翻訳文であろう。このような難解、難渋な文を、私たち日本人（の中の高学歴インテリ層）は、この100年間、ずっと分かったふりをして読んできた。やっぱりそれではいけないと私は思う。分かったふりはふりでしかない。ニーチェ本人はわざと分かりにくい、衒学的（ペダンティック）な書き方をする人ではない（カントとは根本から違う！）。異なる言語（と文化）の壁を超えることは現在でも多難の難事である。そのために「言語の壁を超えるための専門職としての知識人たち」が存在するのである。

私たち日本原住民は、訳した本人でもよく分からない正確な逐語訳文をありがたがって分かったふりをしてきた。このニーチェの文を私が噛み砕くと、こうなる。

キリスト教は、成立したはじめから、「神に犠牲（の山羊）を捧げる」という宗教であった。キリスト教に入信する者は、己れの全身全霊をもって自らを神の前の「犠牲（サクリファイス）の山羊」となる覚悟を求められる。人間が普通にもつあらゆる自由な気持ちや、誇り高さ、人間精神の自然な作用としての確信や信念を、すべて神への犠牲として自ら捧げ投げ捨てることを要求される。このようにして人間がキリスト教に隷従する。

自己を嘲笑し、自己の人格を自ら破壊する。キリスト教の信仰には残酷さと、宗教的なフェニキア主義（改訳者註。おそらくこれはフェニキア商人の物欲主義の肯定の意味だろう）がある。キリスト教の信者はつねに弱気で、複雑で、ひどく甘やかされた良心を持っていることが自分にふさわしいと考えている。キリスト教の信仰を持つ者の前提条件は、己れの精神の屈辱（くつじょく）である。

だが、精神の屈辱は、個々の人間にとっては必ず言いようのない痛みを自分に与える。キリスト教の信仰を持とうとする者（入信しようとする者）は、このような極度の不合理に直面する。そのために自分がこれまで体験してきたすべての過去と習慣から、いくら何でもそこまでの屈従感は受け入れ難いとして、反抗心が芽生える。キリスト教の信仰はそのような不合理として、入信しようとする者の前に立ちはだかる。己れの人間としての精神に言い知れない屈辱を強いるものだ。

（副島隆彦訳）

私は、ニーチェの原文をこのように理解する。ニーチェという20世紀初頭を代表するヨーロッパの大思想家は、その主張の中心と根幹を故意に理解されないまま、放置されてきた。あまつさえ、「ニーチェはナチズム（ファシズム）を生むに至った全体主義の思想を提唱した人だ」というような、意図的な曲解が日本でも流された。それはニーチェがキリスト教が持つ弱者への拝跪の、奴隷思想の虚偽を徹底的に完膚なきまでに打ち破ったからである。ローマ・カトリック教会からの「よくも私たちの正体をあげつらったな」というニーチェ思想への憎悪が、ニーチェ理解への計画的な妨害を生んだのだ。

イエス・キリストという自分たちが神（の一部）に祀り上げた男の本当の主張を、ローマ教会は故意に改竄した。そしてその母親の聖母マリアが処女のまま、神の種を宿してイエスが生まれたとした。無原罪懐胎だ。だから聖母マリアには罪はない、純潔なる、純粋なる、神聖なる処女性という性倒錯（セクシャル・パーバージョン）を起こした人間の本性の否定の思想をローマ教会は作ってしまった。いったん、この大嘘を原理に置いてしまったら、もう取り返しがつかない。ウソの無限拡大が積み重なってゆく。それ以来、キリストとマリア以外の人間たちはすべて罪人だ、ということになってしまった。罪人は悔い改めなければいけない。罪を自覚しない者は煉獄（purgatorio プルガトリオ）に入れられなければいけないということになった。すべてのヨーロッパ人がひたすら教会に通って、僧侶（司祭）たちの説教を聞かなければいけなくなった。

もっと恐ろしいことは、死んだ後までも、ずっと悔い改め続けなければいけないという理屈になっていることだ。これは人間（人類）をすべて自分たち宗教の奴隷にして、教会の下に押さえつけて服従させる思想である。そのためにサクラメント（sacrament、秘蹟）という儀式を作った。カトリック教会のサクラメントは以下の7つから成る。

それは 1.洗礼 2.堅信 3.聖体 4.告解 5.終油 6.叙階 7.婚姻からなる。

生まれた赤子への洗礼（baptism バプティズム）と、死んだ時の終油（今は「病者の塗油」と言う。アノイントメント anointment）、そして結婚にまで教会が人の人生すべてに干渉し、規律するようにした。

このカトリックのサクラメントの儀式と仏教、なかんずく大乗仏教の六道輪廻の思想はどうも根っこが同じである。大乗仏教は東アジア全域に広がったローマ・キリスト教の変形亜種である。釈迦（ゴータマ・ブッダ）本人は、そんなものはまったく言っていない。それなのに、後の高僧たちが「輪廻転生」の理論を作って、信者に強制した。転廻転生（死んで別の生物に生まれ変わる思想）は「六道輪廻」となり、「天（上界）→人（間界）→修羅→畜生

ロンダニーニのピエタ
（ミラノ、スフォルツェスコ城博物館）

↓餓鬼↓地獄」とグルグルと6つの世界を人は死んだあと、へ巡ることになった。

信心が足りないと、成仏（この輪廻からの脱出）できないで悲惨な目に遭うのだ、と仏教宗派と坊主（僧侶）たちが信者たちを脅した。脅して自分たち僧侶への喜捨、ご供養、お布施、法要を、静かに強要する。これはキリスト教会の喜捨（ドーネイション、寄付）とまったく同じだ。プロの僧侶たちの生活費をそうやって信者たちから強制徴収するしくみを教団が作っていったのである。私はこのことを私の著書『隠された歴史——そもそも仏教とは何ものか？』（PHP研究所刊、2012年7月刊）に書いた。余すことなくすべてを書いた。読んでみてください。

聖母マリアが処女のまま神の子を宿したなんて、ウソにきまっている。ローマ・カトリック教会はウソつきの集団だ。だからミケランジェロは、生涯に4つのピエタ（キリストの遺体を支える家族たちの彫刻）を作って、「イエスの父は大工のヨゼフ、母マリア、そして奥様のマグダラのマリア」を執念のように彫り続けた。ミケランジェロの最後の「ロンダニーニのピエタ」（未完）は愴絶なピエタで、崩れ落ちるキリストを後ろから妻のマグダラのマリアだけが支え持っている。ミケランジェロは自分が死ぬ日まで10年近く、この「ロンダニーニのピエタ」をそばに置いて、ことあるごとに彫ったという。人間を「罪の奴隷」にしたローマ教会への激しい憎しみを込めながら。

2000年前に、自分たちの教祖のペテロとパウロがウソをついてしまったので、いまもウソつきのまま、それはどこまでも大きくなってしまった。宗教とはそういうもともと不合理なものなのだ、では済まない。ウソはウソだ。だから、ミケランジェロたちがそれに激しく抵抗して、本当のことを描き、彫刻し続けたのだ。それらが今に伝わり芸術の大作として残っている。

『アンチ・クリスト』でフリードリヒ・ニーチェがはっきりと書いた。

彼が、『アンチ・クリスト』の中で、ちらりと

フリードリヒ２世
（1194-1250）
こんなものしか人物像としては残っていない。

褒め称えている、ドイツ王のフリードリヒ2世（１１９４－１２５０）という人物がものすごく偉い。フリードリヒ2世は、シチリア生まれで、イタリアのナポリのあたりで育った。ほとんどドイツには帰らなかった。ドイツ赤髭王の孫で、ドイツ国王の相続権をもっていた。彼は神聖ローマ皇帝（最後のホーエンシュタウフェン家の）にもなった。教皇グレゴリウス9世に破門されたあとも平然として生きて、１２５０年に死んだ。

彼はイスラム教徒、アラブ人たち、すなわちオスマン・トルコ帝国のスルタン（皇帝）と親交し付き合った。そして、どうやらイスラム思想を理解したようだ（２４５ページで後述する）。ということは、これはエイシイズム（無神論）になる。無神論者は、ローマ・カトリック教会から見たら焼き殺さなければならない、という理屈になる。

もうひとつ、異端（heresy ヘレシー）という言葉がある。ヘレシーの場合は、キリスト教徒であったのだが、教えを裏切り、地獄のサタン（ディアボロ）の側に落ちた人間となったとされた。ローマ教会に公然と反逆する者として異端審問所（宗教裁判所、Inquisition）の捕吏（捜査官）たちに逮まり連れていかれて、裁判にかけられ拷問にかけられて、火炙りの刑にされた。ヨーロッパ中で多くの知識人が殺された。こういう恐ろしい長い歴史をキリスト教会はもっている。それがヨーロッパの歴史だ。ヘレシーは、無神論者や異教徒 pagan と違って、教会内部からの違反者で、教えに従わない反逆者であるから火炙りの刑にされた。どれがどうローマ教会から見て激しい憎しみの対象なのか。私に区別はつかない。

異端審問（ordeal オーディール。激しい苦しみの意味）にかけるための恐怖の探索、異端狩りは、12世紀ぐらいからヨーロッパ各地で始まっている。スペインでは、1492年に、ナスル朝のイスラム教徒の王国（首都グラナダ。アルハンブラ宮殿がある）が滅ぼされた頃にはもうあった。イスラム教徒たちは、初めから異教徒（ペイガン）だから異端審問にはならない。だが、キリスト教徒に改宗（コンヴァージョン）したはずのイスラム教徒やユダヤ教徒への執拗な異端審問（インクイジション）が行われた。同じ年の1492年に、ユダヤ人たちがいっせいにイベリア半島から追放された。

これを「ディアスポラ」（大離散（りさん））と言う。地中海各地へ、あるいは「ユダヤ500家族」がオランダの各都市に移住した。スペイン・ユダヤ人（セファルディム）たちが大移動した。このあとまだスペインに残っていたイスラム教徒やユダヤ教徒たちが、たくさん火炙りの刑にされている。カトリックに改宗したユダヤ人たちを「マラノス（豚）」と言う。しかし、その改宗を疑われて激しく責め立てられた者がたくさんいた。異端裁判というのは恐ろしいものだった。史上最も悪名高い大異端審問官（グランド・インクイジター）は、トルケマーダ（1420-1498）だ。ドストエフスキーの『カラマーゾフの兄弟』の中に出てくる。トルケマーダは相当に残虐なことをしたらしい。『神学大全（しんがくたいぜん）』、*Summa Theologica*（スンマ テオロジカ）（1485年刊）を書いたトマス・アクィナス（1225-1274）たち、保守派で体制派の神学者たちも弾圧側に加わっている。

ロレンツォという男の偉大さ

話は何度もミケランジェロが若かった頃にもどらなければならない。1480年代である。それがルネサンスの真っ盛りのときで、ミケランジェロは人文主義者（umanista、ウマニスタ）たち、当時の知識教養のある名士たちから、いろいろな話を直接聞いている。偉大なる（マニフィコ）ロレンツォ・デ・メディチに才能を認められたミケランジェロは、ロレンツォの邸宅に14歳から17歳（ロレンツォの死の1492年）まで4年間住み込んでいた。そこに招かれて来ていた、先鋭的な思想家たちと食事も共にする席にいて、彼らが熱く議論する様子を少年のミケランジェロは横でじっと見ていた。これがまさしくルネサンスそのものだ。当時フィレンツェの都市で繰り広げられたこの議論の場こそはルネサンス（人間復興）なるものの中心部分だ。この時の、この場所こそが、最初のほうで書いたアッカデミア・ネオプラトニカの心臓部分なのだ。だから、ルネサンスというのは、ここまで書いてきた通り、ローマ・カトリック教会の巨大な偽善に対する激しい疑いの思想運動だった。そのほとんどはメディチ家の邸宅か郊外の別荘で大勢が集まって行われた。「学院（アカデミー）」の建物というのは無い。このことが分からなければ、ルネサンスとは何かが分かったことにならない。このときに現れた優れた人文主義の知識人たちの話は次の章で書く。

偉大なるロレンツォ
（ヴェッキオ宮殿右奥の彫刻ギャラリーから）

ミケランジェロの才能を見抜いて、彼を自邸に引きとって大事にしてくれて、17歳まで面倒をみたロレンツォ・イル・マニフィコが、1492年に死んでしまう。私のこの本は、ロレンツォがどのくらい偉大だったかという話を書くのが目的である。どう偉大だったか、を書くのは難しい。彼は独裁者（僭主、シニョーレ）扱いもされた、フィレンツェの実質的な支配者であるのだけれど、ものすごく我慢強い人で、周囲に決して威張らない、ずば抜けた人間だった。

だから41ページの絵のとおり、彼を慕って多くの知識人、芸術家たちが集まって来た。彼らは談論風発（だんろんふうはつ）して自由な時を過ごした。この絵は、私にとって私の神棚（祭壇）に飾るべき唯一の絵である。知識人としての私の祈りの対象だ。人生の理想だ。ロレンツォはフィレンツェのメディチの当主である自分に向かって公然と非難する人たちがいても、その非難を甘んじて受け入れた人だ。彼は、「絶対にメディチ家は貴族（アリストクラット）になどはならない、平民（ポポロ）のままだ」という考え方を貫いた。

このロレンツォを激しく糾弾したサヴォナローラ（1452－1498）という若い宗教家がいた。サヴォナローラは説教師（演説家）という職業の下級の僧侶で、演説の力だけで、ロレンツォが死んだ2年後に、実質的なフィレンツェの最高指導者になってしまった。そして4年間、神権政治（しんけんせいじ）（テオクラシー。theocracy、〈theo（テオ、シオ）＝神〉がすべてであるという政治体制のこと）の厳粛な独裁体制をフィレンツェに敷いてしまった。このサヴォナローラという宗教家をどう評価するかも重要だ。

この男は一言で言えば過激派である。ローマ教会と教皇を激しく批判していた。いや公然と罵（ののし）っていた。焼き殺されたはずである。サヴォナローラは、ローマ教会は腐敗と堕落の限りを尽くしていると公然と説教し続けた。そして、一時は、全市民の信頼を集め、皆で決議してフィレンツェ市に厳しいルールを作って、まじめで、品行方正で、清潔な生き方をしなければいけないと上から強制した。4年間（1494－1498年）、サヴォナローラの宗教的な神権政治が続いた。

しかし、そんな清潔な生き方の押しつけに、人々がいつまでも我慢できるわけがない。まず上層市民層（ポポロ・グラッソ）の連中が怒り狂い始めて、結局サヴォナローラを宗教問答で罠にはめて、「お前は火の上を歩ける、と言った。歩いてみろ」という形で追いつめた。そしてサヴォナローラを失脚させて、火炙りの刑で死なせてしまう。人間は無理な「品行方正な生活強制」を我慢し続けることなどできない。人間とは諸欲望の生き物である。だから、演説（説教）の力だけで人々を魅了し心服させ、市の実権を握り続けたというのもスゴいことだが、やっぱり長続きするはずがない。

ロレンツォが生前ずっと、サヴォナローラたちの行く末を心配したとおりになった。一介の説教師でしかないサヴォナローラでも背後に政治力があった。サヴォナローラはフランス国王シャルル8世と折り合いをつけて信頼を勝ち得ていた。ところが、シャルル8世は皇帝カール5世との激しい戦争を繰り返していたので、フランスから支援できなかった。この時、サヴォナローラはフランス国王という大きな後ろ盾を失ったので殺されたのだ。

　サヴォナローラは生前のロレンツォを激しく批判した。ロレンツォは自分に対する激しい批判と対決しないで、それをやんわりと受け止めて、サヴォナローラを庇(かば)いつづけた。「あまりに過激な清潔主義はやめなさい。人間はある程度、好き放題、いかがわしい生き方をしてもいいのだ」という生き方を彼に態度で示した。別の知識人たちにサヴォナローラと公開の場で議論させたりした。けれど、サヴォナローラのほうが勝ってしまったのだ。

　ロレンツォの偉大さは、自分を激しく罵ったこのサヴォナローラからさえ終油(アノイントメント)の儀式の祝福を受けようとしたことだ。その様子を17歳のミケランジェロはすぐそばで見ている。サヴォナローラは、死の床のロレンツォの枕元まで来ていながら、死ぬ間際のロレンツォの偉大な寛容さを理解できずに、「悔い改めないのなら」と儀式をしてあげないで立ち去った。

　この６年後の１４９８年のサヴォナローラの焚刑(ふんけい)の頃の激動で、サヴォナローラを支援する人文(じんぶん)知識人たちへの凄(すさ)まじい政治弾圧が起きた。このときもミケランジェロは我が身の危険を察知して、決して過激行動に加担することなく、フィレンツェから逃げている。１年ぐらいで帰ってくるのだが。

　ところが、あの有名なボッティチェッリ（１０３ページで説明）は、サヴォナローラの潔癖主義に最後まで同調した。そして、激しい葛藤の後、廃人同然となって終わっていった。ルネサンスを代表する超大作「春（プリマヴェーラ）」と「ヴィーナスの誕生」を描いたボッティチェッリの純粋な魂こそはルネサンス思想運動の最高度の燃焼であり、そして終末であった。

人文主義者たちを保護した老コジモの偉大さ

偉大なるロレンツォの祖父の老コジモが、１４３９年に勘づいてしまった巨大な真実というものからルネサンスは始まった。この二人だけは、本当にどう考えても偉大だ。人類のこの５００年間で、ヨーロッパ全体で最も傑出した人間だ。この二人ほど、悪賢くもあるが、突き抜けてズバ抜けた人間を、私の人物評価で出会ったことがない。ロレンツォがおじいちゃんの老コジモが始めたアッカデミア・ネオプラトニカという、新プラトン学派の学問をさらに推し進めた。この二人の権力者の資金援助（パトロネージュ）と後ろ盾があったからこそルネサンスは出現し、持続した。そして今の私たちにまで、コトバの感じとしてだけは、「ルネサンスというのは何かスゴい時期だったんだろうな」と残っている。

彼ら新プラトン主義者たちの学院（アッカデミア）という建物は無かったようだ。メディチ家の邸宅や、フィレンツェ郊外のカステッロや、カレッジの別荘で次々と場所を変えて開かれていた討論会・勉強会の総称がルネサンスなのである。ボッティチェッリの超大作の二枚の絵は、カステッロの別荘（ヴィラ）の壁にずっと飾られていたものだ。そして、この学問運動から生まれた翻訳物の刊行と影響の広がりがルネサンスの中核だ。

そもそもは東ローマ帝国からやって来て居残ったギリシア人の知識人たちの講演（授業）を聴いて驚嘆し、彼らからキリストの教えの本当の真実をいっぱい聞き出した。このときの、このネオプラトニズムからヨーロッパ近代（モダン）というのが準備されていったのだ。10－11ページや41ページの絵の人々が人文主義者たちだ。最も代表的な人物を再度4人挙げる。

まず、①マルシリオ・フィチーノ（1433－1499）である。フィチーノはプラトン全集の翻訳をした。ギリシア語からラテン語に全訳した。そして自著としては『プラトン神学』'*Theologia Platonica*'（テオロギア プラトニカ）という本を書いた。フィチーノが全体の先生格だ。

③アンジェロ・ポリツィアーノ（1454－1494）は、ロレンツォの息子たちの家庭教師として雇われていた有名な詩人で、後の初期フィレンツェ大学の古典文献学の教授になっ

た。わずか16歳でホメロスの『イリアス』をラテン語に訳した。ミケランジェロも彼の講義を熱心に聞いている。ポリツィアーノは偉大なるロレンツォの学友、同志として長く行動した。1478年の「パッツィ家の陰謀」の時は、29歳のロレンツォの隣にいて、ロレンツォが刺し殺されるのを防（ふせ）いで、二人で咄嗟（とっさ）に、大聖堂の新聖具室に逃げ込んで救援を待った。だから、ポリツィアーノはルネサンス革命の闘士そのものであり、当然、運動の重要人物である。彼もまた、ロレンツォの死後2年にして消えている。どのように死んだ（殺された）か、どこにも書かれていない。

ロレンツォがポリツィアーノとともに逃げ込んだ新聖具室はドウオーモの右の円蓋の下の1階にある。

④ピコ・デッラ・ミランドラ（1463－1494）こそは、最も過激なルネサンスの若き思想家だったようだ。ピコはフィチーノに師事した天才だ。たった31歳で死んでいる。砒素による毒殺説がある。のちにサヴォナローラとも行動をともにした徹底した過激派である。人間の自由意志を称揚した『人間の尊厳』'*Oratio de dignitate hominis*'（オラーチオ　デ　ディグニターテ　ホミニス）という本を書いている。

122ページで詳説する。

あともう一人、②クリストフォロ・ランディーノ（1424－1498）がいる。彼はダンテの『神曲』の注釈書（コンメンタール）を書いたことで有名だ（1481年）。彼は年齢から言って、フィチーノやポリツィアーノのさらに先生であった。

古代ローマのウェルギリウスやホラチウスといった大詩人の注釈書や、大プリニウスの『博物誌』の翻訳などもやっている。若きミケランジェロは、このランディーノの著作から多大な影響を受けたと言われている。

この4人とも、1499年までにすべて死んでいる。この4人以外の、新プラトン主義運動への賛同者、共感者たちの多くも、この時期の政変、動乱で多くは殺されていったのだろう。政治活動者の運命である。

彼らイタリア・ルネサンスの中心である人文主義者（ウマニスタ）たちは、すべてフィレンツェのメディチ家が主宰したアッカデミア・プラトニカに集った人たちである。その後のヨーロッパ近代の500年の思想の基礎を築いた学者たちである。同時代のスコラ神学者たちなど足元にも及ばない。

第2章
押し潰されて消滅させられた
プラトン・アカデミー

プラトン・アカデミー

老コジモは、死ぬ１４６４年まで、ちょうど30年間フィレンツェの権力を握り締めた。当時のフィレンツェは、全ヨーロッパで最高に栄えた大都市であり、パリやロンドンなどただの田舎都市であった。きっと多くの商人や旅人でにぎわったことだろう。新プラトン主義（ネオプラトニズム）と呼ばれる大きな思想運動がこのフィレンツェで１４３９年から起きた。この運動全体の理解者で支援者となったのが老コジモだ。老コジモが居るところ、そしてその周りに集まり始めた初期の学者たちがプラトン学院（アカデミー）である。そしてそれを孫のロレンツォが引き継いだ。優れた知識人たちがこの集まり（サークル、サロン）にたくさん集まって、真実を探求する激しい言論活動をやった。

老コジモが資金を出すことで知識人、学者たちが集まることができた。何十度でも書くが、この新プラトン主義の運動こそはルネサンスそのものである。ルネサンス（人間復興）と後世呼ばれるものは、まさしく、この「アッカデミア・ネオプラトニカ」という思想家集団の集まりのことそのものだ。私は本書で何度でも性懲りもなく、このことを書く。誰にも遠慮しない。すべての人の耳元で、ガンガンとこの大きな真実を言い続ける。
ロレンツォが死ぬとこの新プラトン主義の思想運動は、その後、闇に葬られた。新プラトン主義のことを神秘主義（ミスティシズム）の枠の中に入れて、悪魔（崇拝）主義（ダイアボリズム）だとして毛嫌いして、歴史の闇に葬り、世界中の人々が関心を持たないように誘導し、なるべく言及させなくした。話題にのぼらせないように意図的に忘れ去らせた。そして、フィレンツェをただの観光名所、ただの芸術作品の都市に堕（お）とした。

新プラトン主義（ネオプラトニズム）こそは、ルネサンス運動そのものであり、ルネサンス運動の魂である。それはまさしく、このフィレンツェのメディチ家の中でできた学問サークルのことであり、メディチ家の居間で催された食事会や、そのあとのサロンでの和気あいあいの自由討論のことである。

このメディチ家が主宰してパトロンとなり、知識人たちを支援したこの新プラトン主義の思想は、それなのに１４９２年のロレンツォの死のあとは巧妙にかき消され無化され、雲散霧消させられた。新プラトン主義が唱導した人間礼賛の思想は押し潰された。人が生まれて、そして生きていること自体は罪でも何でもない。「人間は罪を背負って生まれてきた」というカトリックの思想はウソである。巨大なウソである。人間（人類）を騙し、ひざまずかせ、問答無用で宗教に屈従させる、恐ろしい洗脳である。人文主義者たちはこのことに気づいた。人生は、それぞれの人が、自分の力の限り生き、自由に謳い上げることができるのだ。これが「プラトンに戻れ。裸のままの人間を愛したギリシアに戻れ」の思想だ。人間は、自由に恋をして愛を語って、生きることの苦労をできる限り吹き飛ばして、一人ひとりそれぞれの生活を思いっきり楽しんでいい。古代ギリシア（当時よりもさらに2000年前）の紀元前400年頃のプラトンたちのように、芸術を愛し、裸体であることを恥じず、宗教による抑圧や命令もなく、王様による支配もなく、自由に政治や学芸について討論して、のびのび生きてよいのだ。このように新プラトン主義の学者たちは、フィレンツェの各所で機会をとらえて講義し主張したはずなのだ。

ところが、この新プラトン主義の思想運動は、旧来の勢力によって嫌われ、忌避され、疎んじられ、そして弾圧されていった。歴史の闇に葬り去られていった。多くの優れた人々が殺された。ルネサンスの魂そのものであり、ルネサンス（リナシメント）の本体そのものである新プラトン思想（アッカデミア・ネオプラトニカ）は、絞め殺されて、消されていった。それはカトリック教会によって為された。そして今に至る。

何度でも書く。ルネサンス＝新プラトン主義の思想・文芸運動を抑圧したのは、まさしくローマ・カトリック教会である。キリスト教の総本山を自ら任じるローマ・カトリック教会が、そのお膝元に近い（ローマから北に200キロメートル）のフィレンツェの大富豪（大銀行家）と、それが支援する文芸復興、人間再生の運動を嫌がって、煙たがって、やがて闇に葬ったのである。

この一点の巨大な事実をはっきり書くために、私はこの一冊の本を書いている。それ以外のことは二の次（セカンダリー）なことだ。今の今でも、世界中のイタリア美術史、ヨーロッパ文化史、ヨーロッパ研究（スタディーズ）の学者、評論家たちが、この大きな真実をはっきりと書こうとしない。キリスト教会の各宗派に遠慮するからだ。そして、ニーチェやハイデガーたちの現代思想がルネサンス思想運動とつながっていることをイヤがり、無視しようとする。モーツァルトもゲーテもドストエフスキーもこの系譜だ。

このヨーロッパ思想の連綿と続く太い幹が分からなければ他に何を分かるべきだろうか。「分からない。聞こえない。知らんふり」をする。今の今でもそうなのだ。プロテスタント系が主流であり、リベラル派が多いはずのアメリカ合衆国の大学教授たちであっても「ルネサンス運動の本当のこと」を書こうとしない。彼らアメリカ人たちは、カトリック教会を嫌っているくせに、それなのに、自分たちのリベラル思想（人間重視主義）の源流であるはずの人文主義者やメディチ家やミケランジェロの魂を理解しようとしない。彼らアメリカ人であっても各種のキリスト教会が恐(こわ)いのだ。悪口を書くとエスタブリッシュメント（名士たち）の世界から除(の)け者にされる。彼らは自己の本性において醜いイエズス会士（ジェズイット・プリースト Jesuit priest）たちなのだ。この一点の大きな真実、すなわち、ルネサンス（そのもの）をわずか60年間で絞め殺したのは、まさしくローマ・カトリック教会なのである、という事実を、誰もはっきりと書こうとしない。

塩野七生さんが書いた『ルネサンスとは何であったのか』（新潮文庫、2008年刊、単行本初版2001年）を読んだ。そうしたら彼女が70歳を越して薄々とこのことに気づいたことが分かる。彼女は、ようやくご自分の長いイタリア研究の先に、アラブ・イスラム教世界が見えてきた。彼女は1983年に『コンスタンティノープル陥落』（新潮社）を書いてから、いよいよ本気で大きな謎に迫りたい、と表明している。彼女でもまだ、ルネサンスのことを400年間も続いた、ドイツやフランスまで広がった長ーい芸術文芸運動のことだと思い込んでいる。そして、いつもながらのあれこれのウンチク（本場のイタリア知識人たちなら当然のこととして知っていること）を私たちに披露する。

ボッティチェッリこそはルネサンス思想運動の頂点を生きた

サンドロ・ボッティチェッリ
Botticelli, Sandro

1445-1510. イタリアの画家。はじめ彫金を学び、ついで(Filippo)リッピに絵を学び、さらにポライウォーロとヴェロッキョの影響下にその様式を展開した。

主としてフィレンツェでメディチ家のために制作したほか、教皇シクストゥス４世に招かれ、ローマのシスティナ礼拝堂のフレスコ画を描いた(1481-84)。彼は当時最も早くギリシア神話に取材した絵を制作、また多くの聖母像を描いた。

その作風は独特の優雅で繊細な感覚が現われ、古代美術を研究すると同時にサヴォナローラから精神的な感化を受け、神秘的な性格を持つ。近代イギリスのラファエロ前派に大きな影響を与えた。上の絵画は代表作の《ラ・プリマベーラ》いわゆる「春」(1482頃作)。

(『岩波西洋人名辞典』から抜粋・加筆)

私は、ヨーロッパ文化史の泰斗（たいと）、ヤーコプ・ブルクハルトの『イタリア・ルネサンスの文化』をもっと詳しく調べて、その真実吐露の痕跡の部分を探し当てようと思う。

ネオプラトン主義の学者たちがフィレンツェに結集して、新しい人間像、本来あるべき新しい社会像を作ろうと努力していた。この彼らのパトロン（資金提供者）であった老コジモと、ロレンツォ・デ・メディチの富豪兼都市指導者の偉大さもまだ説明しなければならない。なぜ、この思想・学問・文芸・芸術運動が、神秘主義・悪魔主義の名で、ローマ・カトリック教会に押し潰され隠されてしまったのか。

まさしくボッティチェッリこそは、この思想運動のまっただ中を生きた画家だ。ピコ・デッラ・ミランドラと並んで一番、先鋭な立場を取り続けた活動家だ。そしてサヴォナローラの純粋主義の運動にまで加わって、そして自分の絵を腐敗と堕落の作だとして焼き棄（す）てるようなことまでしている。ボッティチェッリこそはルネサンス芸術家の中で最も痛ましい人だ。彼はボロボロになって貧苦のうちに死んでいる。

ラファエロもこの渦（うず）のまっただ中にいた。しかしラファエロはもともと温和で美男子（ハンサム）で、誰からも愛された。ラファエロは大先輩格のミケランジェロに逆らうことはしなかった。しかし二人が仲が良かったという話は残っていない。私は、ラファエロが描いた、あの大作『アテナイの学堂』（1510年作）はキレイごとが過ぎるのであまり好きではない。ラファエロは1520年に37歳で早逝（そうせい）した。ソクラテスの私塾（アッカデミア）であっても、本当は若者たちの粗末な集合場所だったのだ。あんな殿堂ではない。

やはりミケランジェロこそは、この思想運動のまっただ中をしぶとく生き続けた男だ。すべてを見とどけた、偉大な人間だ。彼はフィレンツェで若い頃（10代）から本業の傍らですべての事件を目撃し、運動の主要な人々と何十年も話して、すべてを知っている。だから、偉大なるミケランジェロのあれらの大作ができたのだ。あれらの主要な作品の背景説明もあとのほうでしなければならない。

アッカデミア・プラトニカの基礎を築いたプラトン主義者第一世代

ルネサンス運動の始まりは1439年である。ローマ教会にとって重要なテーマであった、遠く東方のコンスタンティノポリスにある東方教会との大きな和解の話が進んでいた。この年にローマ教会と東ローマ教会の両者の合同の公会議（エキュメニカル・カウンシル）を開いた。最初はフェッラーラという近くの都市で召集された（159ページ地図参照）。フィレンツェで開いてほしいと老コジモは希望していた。ところがフェッラーラで１４３８年にペストが流行ってしまった。しようがないからということで、この合同公会議はフィレンツェに場所を移した。「費用を全部出す」と申し出た老コジモにとっては予定通りだ。

合同の協議はなかなかうまくいかない。両者の意見が合わずに、すったもんだした。１０００年間も分裂していた二つのキリスト教会の和解の協議がなぜあったかというと、ドイツの南のバーゼル市で別の公会議が開かれていた。神聖ローマ皇帝であるウィーンのハプスブルク家が、教皇と対立してバーゼルで公会議を開いた。それとの競争で、教会勢力をまとめるために合同公会議を開いた。皇帝は自分が握りしめている俗権の拡張を主張した。対立する教皇や大司教たちと争って領主や司祭たちの任命権や課税権を、ローマ教会からできるだけ奪い取りたかった。この教皇（教会）と皇帝（王国たち）の対立の激しさは、今もよく分からない。日本史に類推すると、鎌倉時代（１２００年代から）の武士階級（地頭職）と、京都の公家たちがもつ全国の荘園の支配権（受領職）との対立と似ている。ヨーロッパでも両者の対立は激しい。１１００年代から５００年間も続いている。

公会議の結論として、ローマ教会のほうが、コンスタンティノポリスの東方教会よりも格が上で最高の権威であるという決議が１４３９年になされた。ところが、この決議を持って帰った大主教たちは叱られてしまって、意見がまとまらなかった。ぐずぐずしているうちに、このあと14年後の1453年には、東ローマ帝国そのものが滅亡してしまった。以前からじわじわとコンスタンティノポリスを大きく包囲していたオスマントルコのメフメト2世（在位1451－1481）の攻撃を受けて陥落してしまった。

私はその祖父のメフメト1世（第4代）がコンスタンティノポリスを滅ぼすために10年かけてつくった100キロ離れたところにあるエディルネの都市に行った。2010年の冬だ。エディルネにはこのとき作られた巨大なモスクがあり、そこが今もブルガリアやギリシアとの国境地帯になっていた。小アジア半島（トルコ亜大陸）からギリシアのほうに、100キロぐらい攻め込んで来ている。コンスタンティノポリスを孤立させて陥落させるためにメフメト1世がつくった西の要衝だ。ここの大モスク（ドームの直径は36メートル）を私は見に行った。

東ローマ帝国が滅亡してしまったので、ギリシア人学者たちで、そのままフィレンツェに居残った者たちがいた。ニカイア（ニケーア）の大司教であった⑤ヨハンネス・ベッサリオン（1403－1472）という学者がいる。彼はプラトン研究家だ。彼はフィレンツェに留まって、ローマ教会から枢機卿（カーディナル）に任命されたほど優れた人物だったようで、出身がニケーアだから、いまのトルコのイズニークだ。
このベッサリオンと、⑥ゲミストス・プレトン（1360-1452）というプラトン学者がものすごく重要らしい。プレトンの授業をずっと老コジモがフィレンツェで興味深く聴いていたという。その内容は、「ヘレニズム（ギリシア主義）とキリスト教の融合」と言われるものだ。キリスト教の中に、すでにギリシア思想（主にアリストテレス哲学）が大きく入り込んでいたことを示す。プレトンも公会議の参加者としてやってきたわけで、彼はギリシア語で講義して、それをイタリア語（くずれラテン語）に通訳する人が横についていたのだろう。プレトンは1360年生まれで、1452年まで生きているから92歳で死んだ長寿の人だ。彼はギリシアのミストラス（ミストラ）で、プラトンが創始して自分で運営した私塾である「アカデミア」を模範にした学校をつくって、そこで教えていた。きっと当時、地中海一帯で名声が立っていたプラトン学者だったのだろう。

フィレンツェの公会議は1439年だから、79歳でフィレンツェまで来て、老コジモたちにいろいろと真実を熱心に教えたわけだ。その真実はローマ・カトリック教会の教え（教義）を根底から覆（くつがえ）すものだった。だから、これがルネサンスのまさしく始まりだ。

だから、フィレンツェ人たちに衝撃を与えたプレトンの講義から、新プラトン主義の思想

ヨハンネス・ベッサリオン　Bessarion, Johannes

1403-1472.　ギリシアの聖職者、哲学者、人文主義者。トルコに生る。ニカイアの大司教(1437)、枢機卿(39)、コンスタンティノープルの総主教(63)。ギリシア教会とラテン教会との統合に努め、アリストテレスの《形而上学》やクセノフォンの《メモラビリア》をラテン語訳したほか、プラトン主義の再興につとめた。

(『岩波西洋人名辞典』から抜粋)

このベッサリオンの一世代前にマヌエル・クリソロラス(1350-1415)という人文学者がコンスタンティノープルからフィレンツェに来ている。この人が最初の先駆者らしい。プラトンの対話篇『国家(ポリテイア)』をラテン語に訳している。しかし、このクリソロラスは老コジモが連れてきた人ではない。その父親のディ・ビッチの時代の人だ。

運動が始まった、と考えなければならない。ヨーロッパ史の諸本では、それよりも20年後の1459年に、老コジモが資金を出してアッカデミア・ネオプラトニカを作ったことになっている。どこにどんな学校（講義堂）が作られたのか今も分からない。本当はメディチ家のあちこちの邸宅や別荘（ヴィラ）で次々と開かれた講義（と討論会）だったのだ。ここに何百人もの知識人が結集して熱狂的に新しい思想を語り合ったのだ。

　老コジモたちは、本物のプラトン哲学に触れて、どんどん考えが変わった。ローマ教会を徹底的に疑い始めた。ローマ教会の束縛から自分たち自身を解放しようとした。その拠（よ）り所がネオプラトニズムだ。この新プラトン学派は最初から一貫してローマ教会との大激突だ。これらを一所懸命、メディチ家の首領が聴いていて、周りの子ども、孫（ロレンツォ）たちも一所懸命聴いていた。**ここにヨーロッパ最大の秘密があったのだ。**私はこのように確信する。この秘密は、それから500年後の今もまだ秘密になったままだ。そしてヨーロッパ人のすべてを、深い迷妄の中に置いたままにしている。こう考えないと辻褄が合わない。ヨーロッパというのは、地球上の他の地域（リージョン）よりも早く近代（モダン）を達成した優れた先進地域だ。近代学問（サイエンス）も自由思想も人権思想もどんどん生まれた、とされる。しかし、本当か？　このあとの17世紀、18世紀、19世紀のヨーロッパ思想家たちも、多くは沈黙を強

プラトン主義を熱心に講義した

ゲミストス・プレトン　Plethon, Georgios Gemistos

1360-1452.　ビザンティンのプラトン学者。生都コンスタンティノープルで教育を受け、のちギリシアのミストラで、プラトンのアカデメイアを範とする学校を指導した。

フィレンツェの公会議(1438-39)に際しフェッラーラおよびフィレンツェに赴き、コジモ・デ・メディチにアカデメイアの再興を説き(39)、この構想はのちフィレンツェで実現した(59)。彼はヘレニズムを再建して文化をキリスト教の束縛から解放しようとした。この思想はプラトンおよび新プラトン哲学の復活に刺激を与え、またイタリア・ルネサンスの勃興に大きな影響を及ぼした。

マルシオ・フィチーノはプレトンのことを「第2のプラトン」と呼んで崇拝した。なお彼は新プラトン主義の立場からアリストテレス哲学を激しく批判した。主著に《Nomon syngraphe》があり、その断片のみが残存する。

（『岩波西洋人名辞典』から抜粋・加筆）

ということを、決して罰や不幸として把握することはなく、必然的なこと、意味のあること、変えられないこととして肯定していた。

だからプレトンは、魂が到達可能な彼岸、言ってみれば救済という視点は必要なかった。

このような非常に大胆で、当時の権力関係から言ってユートピア的な理念によって、ゲミストス・プレトンはこの時代の教養人の中で特異な地位を占めた。キリスト教の教義からは多かれ少なかれ疎外されながらも、ギリシア古典古代の理想を熱心に追い求める人文主義者は、ラテン語を話す西洋の学者たちの中にもいた。しかし、ゲミストス・プレトンほどラディカルに教会のドグマを破った者はいない。プレトンのアンチ・キリスト的命題のひとつに、倫理的観点からの自殺の権利というのもある。プレトンはこの権利を力一杯擁護した。プレトンは、人類の原始宗教から出発した。プレトンの考えでは、この人類の原始宗教から、原初の真理の捏造により、当時のさまざまな宗教と信仰が誕生したことになるのだ。

プレトンのこの立場は、教皇庁の連中に苦々しい敵愾心をもたらした。彼の主要な敵としては、1454年にコンスタンティノープルの教父になった Gennadios II, Scholarios が挙げられる。しかし、異端審問の心配はプレトンにはなかった。プレトンの高い地位のおかげで、彼の論敵たちは彼に対して強い態度に出られる立場になかった。それに、彼のラディカルな反キリスト的作品 *Nomon syngraphe* は彼の死後に有名になったものだった。この作品は、Gennadios の命令で焚書に遭った。それゆえ、断片しか残っていない。そういうわけで、プレトンは、ミストラで誰に邪魔されることもなく仕事をし、弟子を教え、死ぬときまで立派な名声を保つことができた。彼のギリシア人の弟子たちの多くは、西洋世界の学者たちの間における彼の称賛者であると同様に、中庸の（抑制のきいた）人文主義者たちであり、プレトンのアンチ・クリスト的な命題を採用していない。プレトンの弟子には、ベッサリオンのほかに、エフェソスの大司教 Markus Eugenikos（彼はカトリックとの教会合同の指導的反対者だった）や、歴史家の Laonikos Chalkokondyles（Chalkondyles）がいる。 （編集部訳）

ゲミストトス・プレトン(1360-1452)は「反キリスト的立場」に立った人である

（Wikipediaのドイツ語版の文から）

この哲学者の人生は、外面的には、ビザンチン帝国の没落の最終局面の影響を受けている。独裁者であるビザンチン皇帝の助言者として、プレトンはこの没落の展開の過程に積極的に関わっている。しかし、プレトンは、ビザンチン帝国の崩壊とムスリムの勝利を、正教会の同胞たちとは違う思いで受け取っていた。なぜなら、プレトンが根ざしていたのはキリスト教信仰ではなく、プラトン主義だったからだ。プレトンの確信によると、キリスト教国家は、イスラム教国家と同様に、ひとつの歴史的発展の奇形であり、没落を運命づけられていた。そして、未来は、新たな、もはやキリスト教的ではない、古典古代に結びついたギリシア的国家の手にある、とプレトンは考えていた。将来のこの国家は、プラトン的で、ピタゴラス的で、ゾロアスター的な原理に従ったものでなければならない。

プラトン主義者が言うところの、ゼウスを最高神とする古代の多神教のシステムが、キリスト教のシステムにとって代わらなければならないのだ。ゲミストトス・プレトンは、そのための典礼まで考え出している。プレトンは、神々が互いに完璧な調和を保ち、従って、ホメロスのように神々間の衝突が起きるのをがまんする必要はなく、神々は自ら進んで、人間たちの手本となるようなヒエラルキーに階層分けされると仮定していた。プレトンは､神々を哲学的には､その都度、彼らによって分担される原理の代表とみなしていた。ゼウスは「統一」の、ヘラは「多様」の原理の代表、というように。

プラトン同様、ゲミストトス・プレトンは、宇宙を、始まりがないもので､かつ決して消滅しないものだと捉えていた。宇宙が「創造」されたというのは転義的な意味に過ぎず、決してゼウス的な時間の意味においてではないと考えていた。「魂」（＝Seele）の点から言うと、プレトンはプラトンの魂の彷徨論（＝おそらく魂の輪廻のこと）を信奉していた。しかし、プレトンは、物質界に魂が実在するいられ、潰されていったのではないか。人間の歴史はどこでも血だらけだ。

ヨーロッパの自由思想家といえども、ローマ教会やキリスト教諸派に遠慮しながら今に至る。ヨーロッパには今もローマ・カトリック教会が押しつける恐ろしい人間抑圧の思想がこびりついている。ローマ・カトリック教会という名前の、キリスト本人の本当の主張への大きな変質、変造が起きて、今もヨーロッパを支配し続けている。キリスト教会による支配のことを徹底的に疑い、ハッと気づき、闘った知識人たちがヨーロッパ各国にいる。

メディチ家は当時のヨーロッパ一の大財閥で銀行家であり、軍需産業から麻薬まで、武器弾薬から鉱物資源（鉛や明礬（みょうばん））まで全部扱っていた一大商業一族だ。彼らがやっていたことは一筋縄ではいかない。

だからこそ「何かおかしいぞ」と気づいた人文主義者たちを金銭財政面から支援したフィレンツェで、真実を暴きたてる学問・思想運動が湧き興ったのだ。お金（資金）がなければ多くの人を動かすことができないし、何も出来ない。

ゲミストス・プレトンは、プラトンの信奉者だから、アリストテレスのフィロソフィーを徹底的に嫌って激しく批判した。おそらく彼は、アリストテレスの中にある金儲け肯定の思想（エクィリブリアム。平衡（へいこう））と現実主義（リアリズム）を嫌ったはずだ。それとの闘いだった。「金儲け活動を認める」という思想がアリストテレスの思想の中にある。それに対して、「イデア idea」なるコトバで表す理想主義（アイデアリズム）であるところの、プラトニズムを徹底的に主張した。彼らネオプラトン主義者たちの大半は、アリストテレス思想で作り直されたカトリック神学を強く疑った。この辺りを、もう少しあとで解明する。ここが非常に重要なところだ。

アッカデミア・プラトニカ最盛期の第二世代

⑤ベッサリオンのほうは、39歳でニカイアの大主教（アーチビショップ）になった人だから、身分と地位から言うとプレトンより上だろう。プレトンのほうは公会議のあと数年フィレンツェで講義をしてから、自分の生まれ故郷に帰った。数年間フィレンツェにいて、ここで人々を魅了し、啓蒙（エンライトン）し、先進思想を炊き込んだことで十分だと思ったのだろう。もう自分の役目は終わったと感じたときに帰郷していった。

ベッサリオンのほうはそのままフィレンツェにいて、ここで死んだ。彼自身はプレトンよりもずっと温和な性格をしていて、あまり激しい説教（演説）もせずに、ギリシャ正教会（東方教会。オーソドキシー）とローマ教会の統合と仲直りに努力した。彼はアリストテレスの『形而上学』（メタフィジカ）や、クセノフォンの『メモラビリア』という古典の本をラテン語に翻訳して、イタリアおよびヨーロッパ世界に伝えた。

当時のちょっとした読書人、知識人なら、すでにラテン語の本をドイツ人、フランス人でも読めたようだ。しかし、ミケランジェロは芸術家（職人階級）だから、イタリア語（フィレンツェ語）しか使っていない。

プラトン思想とは水と油のはずのアリストテレスの思想を、ベッサリオンは無理やり合一させて上手に解釈した人のようだ。プラトンは人間の愛と情感を優先する。プラトン主義の愛（エロス）の賛美だけでなく、現実主義（実利主義）のアリストテレス主義にも立たなければいけない、と説いたらしいので、きっと温和な性格の人だったのだろう。コンスタンティノープルが1453年に陥落して、帰るところもなくなったので、フィレンツェで死んだ。

このベッサリオンとプレトンの授業を一所懸命受講した①マルシリオ・フィチーノ（1433－1499）が、老コジモにその中身を分かりやすく説明した。プレトンの授業を老コ

フィチーノの温和さがプラトン学院を率いた

マルシリオ・フィチーノ　Ficino, Marsilio

1433-1499. イタリアの人文学者、哲学者。メディチ家のコジモの庇護下にプラトン(1483-84)、プロティノス(92)、ヤンブリコス、プロクロス等の著書をラテン語に訳し、その間フィレンツェのアカデミアの学長となった。プラトン学者ではあったが、プラトン哲学をキリスト教的に解釈し、またその著《Theologia Platonica de immortalitate animae》では、プラトンと新プラトン派とを厳密に区別していない。なお錬金術の研究もした。

(『岩波西洋人名辞典』から抜粋)

ジモと一緒に聴きながら、横にいて老コジモにフィチーノがあれこれ分かりやすく通訳したのだろう。このフィチーノが、このあとプラトン・アカデミーの学長になっている。フィチーノは1499年に66歳で死んでいるから変死ではないだろう。が、真実は分からない。この年までにプラトン・アカデミーの主要なメンバーは全員が死んでいる。不思議なぐらいに次々に死んでいる。1492年にロレンツォが死んで、大きな後ろ盾を失った新プラトン主義者（人文主義者(ウマニスタ)）たちは、奇怪な感じで次々と死んでいる。彼らはおそらく殺されたのだ。

私はこのことに気づいたので、この本を書こうと決めた。そして、このことは、ペルジーノという、当時の重要な画家の、何枚かの絵の中に暗示するように描かれていた（195-196ページに載せた）。その絵は、ウフィッツィ美術館の、あの超有名なダ・ヴィンチの「受胎告知」の隣に架けられている。ウフィッツィ美術館で、この絵に私は目を見張った。天啓（神の啓示）のようなものを感じた。私はこの2枚のペルジーノの絵を見た時に、「ここにフィレンツェの思想闘争のすべてが描かれている」と瞬時に気づいた。同行した編集者に、その時の興奮を語った。「この絵がすべてを語っている。ここに最大の秘密がある」と。

フィチーノは、プラトン思想をローマ教会の教義とぶつからないように上手に解釈し直し

ウマニスタで最年長。ダンテの真髄を受け継いだ

クリストフォロ・ランディーノ
Landino, Christoforo

1424-1498. イタリアの人文主義者。メディチ家の教師をした。フィレンンツェに生まれ。ネオプラトニズムの立場からダンテ『神曲』の注釈書(1481年刊行)を著し、当時の知識人に大きな影響を与えた。また、ホラチウスとウェルギリウスの注釈をつけたり、大プリニウスの『博物誌』をイタリア語に訳したりした。彫刻家ミケランジェロもランディーノの著作から多くを学んだと言われる。[主著] Disputationes camaldulenses, 1480頃; Commento alla commedia di Dante, 1481.

(『岩波西洋人名辞典』から抜粋・加筆)

て、うまく妥協するように織り込んでいった人物だ。下手くそにカトリック教会と敵対的な行動をとった人ではない。この点がピコ・デッラ・ミランドラやポリツィアーノとは違う。若い彼らは激しく闘った。しかし、それでも彼らは全員が「人間の生」を礼賛するユマニスト（人文主義者）であり、やがてこれが、のちの時代のヒューマニズム、人道主義・博愛主義になっていく。フィチーノは自分の支援者（雇い主）のロレンツォのために『魂の不死についてのプラトン神学』'*Theologia Platonica de immortalitate animae*'（テオロギーア・プラトーニカ・デ・イモルタリターテ・アニマエ）を献呈している。プラトン思想を上手にキリスト教の中に合体させたものだ。この『プラトン神学』という本を書いて、ロレンツォに捧げた。

フィチーノよりも先に②クリストフォロ・ランディーノ（1424-1498）がいる。ランディーノは1424年生まれだから9歳上だ。ランディーノはダンテの『神曲（神聖喜劇）』の注釈書を書いた人だ。フィチーノや後述するポリツィアーノの先生だった。若い頃のミケランジェロが、熱心にこのランディーノの著作を読み、直接教えられて大変な影響を受けたと言っている。ミケランジェロがロレンツォに才能を見抜かれて、自宅に呼ばれて、住まわせてもらったのは14歳から17歳だ。このメディチ家のリッカルディ宮殿（邸宅）は今も有名な観光名所として開放されている。

③

アンジェロ・ポリツィアーノ
Poliziano, Angelo Ambrogini

1454-1494. イタリアの文学者。フィレンツェでメディチ家のロレンツォ一世(Lorenzo I 1449-92)の子ピエロ(Piero 1472-1503)およびジョヴァンニ(のちの教皇レオ十世)の家庭教師となり、のちフィレンツェ大学でギリシア・ラテン文学を講じた(1480-93)。詩《馬上試合Stanze per la giostra, 1475》は、ラファエロ、ボッティチェッリ等に画材を供した。

(『岩波西洋人名辞典』から抜粋)

私も2012年6月にここに行って、そこに飾られている作品群を見た。このロレンツォの屋敷を訪れたランディーノたち人文学者たちがおおらかに歓談する様(さま)を、ミケランジェロは子どもながらに目撃して、彼らから人間精神の真の自由さを直接学んだのだ。ミケランジェロはまさしくルネサンス思想運動のまっただ中で青年期を生きた人だ。そして、その核心の点を忘れることなく、短気を起こさずじっくり構えて終生、堅持し続けたのである。

その他に、前述した③アンジェロ・ポリツィアーノ(1454-1494)という詩人がいる。ポリツィアーノはロレンツォの息子たち(長男のピエロ他)の教育係(家庭教師)で、ミケランジェロも同じ家の中で彼の授業を聴いている。彼はホメロスの『イリアッド』をラテン語に訳した。

④ピコ・デッラ・ミランドラ(1463-1494)はフィチーノに教えられた。ミランドラは『人間の尊厳について』'*Oratio De Dignitate Hominis*'(オラーチオ・デ・ディグニターテ・ホミニス)(死後の1496年刊行。初稿は1486年)という本を書いた。ここで〝人間の尊厳〟という考え方を堂々と提起したことで、ローマ・カトリック教会の僧侶(神学者)たちと激しい議論を起こしたようだ。

この本は、もともとが演説用の草稿(マニュスクリプト、下書き)を集めたものだ。大勢の司祭、神父たちを前にして、彼ら聖職者たちに公然とケンカを売っている。

ピコこそはルネサンス思想運動の戦闘隊長である。31歳で殺された

ピコ・デッラ・ミランドラ
Pico della Mirandola, Giovanni

1463-1494. イタリアの人文学者、哲学者。人間の本質を探究して新しい人間観の確立を志し、また当時の占星術的決定論を打破して人間の自由を回復しようとし、そのために《In astrologiam, 12巻》を著して占星術の根拠に批判を加えた。

ギリシア語、アラビア語、ヘブライ語その他の国語に通じ、カバラ神秘説をも研究した。またプラトンとアリストテレスの一致を証明しようとして《De concordantia Platonis et Aristotelis》を書いたが未完に終った。

自費で当代多数の学者をローマに招き(1486)、彼の提出した900条の命題を討議しようと企てた。しかし教皇に拒否され、彼は破門された(93迄)。この討議のための演説《De dignitate hominis, 1486》『人間の尊厳について』は、ルネサンスの新しい生活感情のすぐれた表白である。死の直前、サヴォナローラにより正統キリスト教に改宗した。彼の死は秘書による毒殺であると言われる。

(『岩波西洋人名辞典』から抜粋)

96　……私は、私のためのこの集会によって、私が多くのことを知っているということよりもむしろ、多くの人々が知らないことを私が知っているということを明らかにしたいと思ったのです。

97　最も尊敬すべき神父の皆さん、以上のことが事柄自体によってやがて御自分たちに明らかになるように願う皆さんの欲求を――幸福で祝福されたものとなるであろうこの欲求を――私の話oratioがこれ以上長く妨げないようにと、いわば進軍ラッパが駆り立てていますので、きわめて卓越している学者の皆さん、――皆さんが戦闘準備を整え武装して、大きな喜びを隠し切れずに（私との）戦闘を待ち望んでいるのが私には見えます。――さあ戦いを交えようではありませんか。

（ジョヴァンニ・ピコ・デッラ・ミランドラ『人間の尊厳について』大出哲・阿部包・伊藤博明訳、国文社、1985、74ページ）

ピコ・デッラ・ミランドラは、このようにローマ教会の神父たちに公然とケンカを売っている。「97条の命題（テーゼ）（質問状）」と称して、「神父の皆さん……皆さんが（私との）戦闘を待ち望んでいるのが見えます。――さあ戦いを交えようではありませんか」と書いている。おそらくこのピコの『人間の尊厳について』（1496年刊）草稿の「97ヶ条の命題」が、影響を与えて20年後にマルチン・ルターが1517年に「95ヶ条の命題」をぶち上げたのだろう。

この草稿は彼の死後（彼は暗殺された。1494年）、本になって出版された（1496年）。ピコは、この大演説のための集会を自分の財力で独力で開く準備をした。なんと23歳の時だ（1486年）。ところがこの大集会（ローマ教会の僧侶たちとの激論のための場）を開く前に、逮捕されそうになった。ピコはフランス（リヨン）に逃亡した。そうしなければ、教皇の命令で異端審問にかけられそうになったからだ。実際にリヨンで追っ手に逮捕された。

しかし、フランス国王シャルル8世によって釈放された。そして更にロレンツォに助けられて無事にフィレンツェに帰った。しかし、このあともピコは異端審問所から恐ろしい追跡を受けた。ピコ・デッラ・ミランドラは「異端（ヘレシー）である」という判決を受けている。どうかすると拷問にかけられるところであった。それぐらいにピコはローマ・カトリック教会から激しく憎まれている。ピコは、自分の資金でローマで多くの知識人を集めて公然と会議を開こうとしたのだ。

この時は、まだ偉大なるロレンツォが健在であった。彼が、保護者（パトロナージュ）とると捉えた。

この危険な状況で、ピコは11月にローマを出立した。この出奔はピコの批判者には逃亡と解釈された。なぜなら、ピコはいまや異端の嫌疑をかけられていたのだから。教皇がピコの逮捕を命令したので、ピコはパリへの途中、リヨンの近郊で逮捕された。

しかし、ピコはフランス国王シャルル８世に庇護を求め、シャルル８世はピコを解放し、保護した。それゆえ、1488年、ピコは自由の身でフィレンツェに戻ることができた。そして、そこでロレンツォの庇護を受けた。

フィレンツェとフィエゾーレと、フェッラーラの近くのコルボーレで、ピコは残りの人生を哲学的・宗教的研究に捧げて過ごした。その際、宗教的テーマは以前にも増して常に前面にあった。

（わずか31歳での死の）最晩年に、ピコは急進的説教師ジロラモ・サヴォナローラの見解に帰依した。だから、そのドミニコ会士の修道院である、サン・マルコ修道院に、ピコは1494年に埋葬された。1493年６月18日には、教皇アレクサンデル６世が、前任者のインノケンチウス８世によってピコに対して採られていたすべての（苛酷な）処置を撤回していた。ピコは熱病で死んだとされた。前途有望な学者の突然の死は人々に非常な驚きを呼び起こした。そして、すぐに、ピコは彼の秘書によって毒殺されたという噂が広まった。


（編集部訳）

ピコ・デッラ・ミランドラ(1463-1494)は過激な言論と、公然たる問題提起のためにローマ教皇に破門されて窮地に陥った

（Wikipediaのドイツ語版から）

……ローマへの途中、ピコはある既婚の婦人と恋に落ちた。ピコはその婦人の希望通り、彼女を誘拐した。彼女の夫が逃亡した二人を追跡し捕まえた。婦人は連れ戻された。ピコは心の傷を負い、何ヶ月にもわたって引きこもった。ロレンツォ・メディチが彼を逮捕から守った。

このようなことでずるずると延び延びになってようやく、1486年11月に、ピコはローマに到着した。ローマでピコは1486年12月7日に命題（テーゼ）を発表した。1487年の1月に予定されていた公開討論会は、しかし、開かれなかった。なぜなら、教皇インノケンチウス8世が16人委員会を設置し、この16人委員会が、ピコが公然と提出した命題が表明している信仰の妥当性を審査することになったからだ。ピコは、委員会の前で自分が弁明することになるとは思っていなかった。

激しい議論ののち、委員会が出した結論は、命題のうち13個は異端であり、それゆえ断罪されねばならない、とするものであった。この結論には、差し当たって、ピコ本人に対する処分は含まれていなかった。しかし、ピコは教皇側が何か言い出す前に弁明書（Apologia、アポロジア）を書いて自らを弁護した。だから、教皇庁ではピコのことが非常に悪く受け取られた。

1487年8月4日の勅書において、教皇はピコが提起した命題をまとめて断罪し、全例題の焼却を命じた。しかし、教皇はその勅書の実際の発布をずるずると遅らせていた。しかし、ピコが自らのApologiaを印刷にかけたことを知るにおよんで、教皇は、もし印刷物となってピコの弁明が世の中に広まれば、それは、決して許すことのできない、あからさまな反逆（Rebellion、リベリオン）であ

してローマ教会側と掛け合って、ピコを守り続けたのだ。

このようにしてピコら人文主義者たちはロレンツォの強力なあと押しがあったので、人文思想（ネオプラトニズム）を大声で主張して、大いに言論の自由、思想表現の自由を謳歌した。それもロレンツォが死ぬ１４９２年までのことだった。１４９４年にピコは暗殺されている。

同じようなことが、１５０年後の１６３３年に起きている。それがガリレオ・ガリレイ事件である。ガリレオは、自分がフィレンツェで公然と提起した地動説を撤回しようとしなかった。それでやっぱり異端審問（オーディール）にかけられて、ローマに抑留された。このときはトスカーナ大公のコジモ2世（メディチ家の弟脈）の庇護を受けて無事にフィレンツェに帰っている（１６１６年、52歳の時）。だから、メディチ家はロレンツォの死後、いくらただの王様（大公、統治者）になり果てたと言っても、誇り高き人文主義者（反ローマ教会）の精神がわずかにメディチ家に脈々と残っていたのだ。

フィレンツェに戻ったあと、ガリレオは性懲りなく、今度は１６３０年に『天文対話』‘*Dialogo sopra i due massimi sistemi del mondo*’（１６３２年刊、岩波文庫１９５９年）を書いた。そして、再び投獄されている。そして、異端裁判（審問）で、有罪の宣告を受けた

（1633年）。しかし、火刑（火炙りの刑）にかけられることはなくて、再び今度はコジモ2世の息子のフェルディナンド2世に助け出された。そして、フィレンツェの郊外のアルチェトリに匿（かくま）われた。ガリレオはそこで9年間、隠棲（いんせい）して77歳で死んだ。目も見えなくなっていた。ガリレオは初期の近代学者（サイエンティスト）として、宇宙（スペイス）の構造についての真実を訴え続けて歯嚙みしながら死んでいった。

周りの人間たちはローマ教会（ローマ教皇）に逆らうのは怖いから、黙ってしまって何も言わなくなった。それでも人間は陰でブツブツ言い合う生き物だから、やがてヨーロッパ中に地動説（the heliocentric theory（ザ・ヘリオセントリック セオリー）、本当は太陽中心主義。天体の球体説）は広がっていった。

ガリレオと同時代人のフランスのデカルト（1596－1650）は、ガリレオとまったく同じような、「宇宙（構造）論（ル・モンド）」を書いていた。デカルトはガリレオへの政治弾圧の噂を聞いて、自分も異端審問（宗教裁判）にかけられることを恐れて、その宇宙論の原稿を燃やしてしまった、と自分で書いている。ガリレオとデカルトは若い頃パリで会っているようだ。

拷問と火炙りの刑が怖くない人間はいない。ガリレオの勇気の話は、日本の小学校の教科書でも書いている。ところが、彼を痛めつけたローマ・カトリック教会の高僧たちを糾弾することを誰もしない。カトリック教会というのは本当に悪の集団なのだ。極悪人たちの官僚組織だ。それが、まるで清らかな魂をした人たちのように思われている。今もそうだ。宗教と信仰の問題は奥が深くて、いろいろあって、どこの国でも宗教のことは大変なのだ、では済まない。現在もなお、この地上で一番の悪の集団はローマ・カトリック教会である。

ローマ教会は、西暦476年に西ローマ帝国が滅んだあとも、ずっとローマで生き延びて、侵入してきたゲルマン民族ときわめて俗っぽい感じでつき合いながら、徐々に強力な組織になっていったようだ。ローマ教会が2000年かけて作った官僚制度（ビューロークラシー）の悪が、この地上で最大の悪なのだ。これに比べたら、1930年代からのソビエト・ロシアの共産主義収容所（ソルジェニーツィンの歴史小説『煉獄の中で』で死んでいった数百万人の政治囚人たちへ）の悪や、ヨーロッパ・ロスチャイルド家と大英帝国（ブリティッシュ・コモンウエルス）による19世紀の100年間の世界中での悪事（中国に阿片戦争（オピアム・ウォー）を仕掛けた等）や、20世紀の世界100年間でやったアメリカ帝国＝ロックフェラー財閥による悪事も、ローマ教会の悪と比較してかわいいものだ。

ローマ教会が唱える慈愛（グレイス、恩寵（おんちょう）の思想。それが暴かれたときに現れる彼らローマ教会の、全人類に対する悪魔の顔）が持つ、真の顔を私たち日本人もそろそろ分かるべきなのだ。

ローマ教会が唱える慈愛（グレイス）の思想の裏側の真の顔を私たち日本人もそろそろ分かるべきだ

第265代ローマ教皇（在位2005－2013年）

何度も書くが、私には宗教（信仰）はないし、ローマ教会に個人的に何の恨みもない。いじめられたこともない。私は言論人としてこの30年間、ずっと日本の戦後を68年間大きく支配し操ってきたアメリカ帝国の悪をえぐり出す本を出版し続け、日本人に書いて伝えてきた。私は自分が60歳に近づくまでヨーロッパのローマのヴァチカンのローマ教会の巨悪のことなどこれまではっきりと自覚しなかった。だから何も書かないできた。しかし、私に昔読んでいたニーチェの霊魂が降りてきた。私に今こそ日本人に書いて伝えよ、とニーチェの魂がささやいた。だからこうして書いている。ニーチェ（1900年に死）のローマ・キリスト教会への怒りは、モーツァルト（1791年に死）の怒りでもあった。

モーツァルトもまた、ローマ・キリスト教会の権威に激しく抵抗した人である。人類史上最高の音楽家である。そしてその前にミケランジェロ（1564年に死）とメディチ家と人文主義者たちの怒りがあった。私の中ですべての話がつながった。

これにはアメリカの独立革命のトマス・ジェファーソンの怒りもまったく同じであることが分かる。この本のもともとの企画である「（真の）悪魔（をえぐり出すため）の用語辞典」という筋道に素直に従って私はここまで来た。その、大きな答え（結論）は、「悪魔とはやっぱりお前たち、ローマ・カトリック教会だ」ということになる。

イエス・キリストの「貧しい者たちへの愛の思想」を裏切り、変質させた。後にイエスの人類愛の思想を、自分たちが世界を支配する理論に変えてしまった。それとローマ教会が説く「人はみな、罪びとだ。人間は罪を背負って生まれてきた」という原罪（オリジナル・シン）の思想が、諸悪の根源である。だから、お前たちローマ教会（カトリック僧侶集団）こそはこの世の悪の権化（ごんげ）だ。私はニーチェに学んで導かれて、この大結論に至った。かわいそうに、カトリック教会と坊主たちにいじめられて34歳で死んだモーツァルトの書き残した手紙からも真実を知った。そして、15世紀のフィレンツェでの事件の数々を真横で見続けて、真実を知っていたが、黙々と彫刻と壁画描きを続けたミケランジェロの偉大さも知った。ミケランジェロと同時代人のルターたち北ドイツのプロテスタント運動（それに熱く呼応して戦い、次々に皆殺しにされた「シュマルカルデン同盟」の都市同盟の都市市民と農民たち）のことも知った。

だから、ニーチェは、キリスト教系のすべての宗派団体を疑い、嫌いになったのだ。エラスムス（１４６５－１５３６）というオランダ人の知識人がいて、始めはルターの新教運動と共感し合っていた。彼は『痴愚神（ちぐしん）礼讃』'*Encomium Moriae*'（エンコミウム　モリエ）（１５０９年）という本を書いている。エラスムスは、そのあと、ルターに宛てて「やっぱりあなたでも宗教家なのだ。宗教教団の指導者なのだ」と批判して分裂していった。ところが、エラスムス本人は、いつも安全地帯にいて、自分をカトリック教体制の中に置き続けた。エラスムスは自由思想家としてヨーロッパで今も称賛されているが、私は少し疑っている。ニーチェが『ツァラトゥストラ（ゾロアスター）はかく語りき』（1883-1891）で、果たしてゾロアスター教の教祖ゾロアスターをどこまで賛美して、共感したことになるのか私にはまだよく分からない。

同じくイスラム教（イスラム思想）についても、どこまで探（さぐ）りを入れて、文献を読んで研究すればいいのか私には分からない。どうやらユダヤ教とキリスト教の悪の部分がイスラム教世界（の人々）にはよく見えていたようだ。今もそうらしい。イスラム教は偽善（ヒポクリシー）を拒絶する宗教である。イスラム教の裡側（うちがわ）に入る（本当に理解する）術（すべ）を私たちは今も持たない。イスラム教は私たち日本人には今もまったく分からない。それでも、私はイスラム世界にも今も厳然として在るカリフ・スルタン制（教主と太守。教主（カリフ）が上）というイスラム支配秩序は嫌いだし、認めることはしない。

偉大なるロレンツォが死んでしまったら、そのあと、フィレンツェは権力の真空状態になった。この脆弱なフィレンツェの無防備の4年間にサヴォナローラが、調子に乗ってやりた

たとえ何が起きようがフィレンツェこそがヨーロッパの華だ

サヴォナローラは火炙りの刑にされた

1498年5月23日。シニョリーア広場での火刑を描いた当時の絵。左は現在の様子。今もまったく変わらない。

い放題の神権政治（テオクラシー）をやってしまった。神聖（神権）政治なるものがどれぐらい過激な思想・生活統制かは簡単には説明できない。オーストリア人の文学者で、シュテファン・ツヴァイクというずば抜けて優れた人がいる。彼は『権力と闘う良心』（１９３６年）で、僧侶ジャン・カルヴァンが、ジュネーヴの都市で実行した神権政治（テオクラシー）がのちのソビエトのスターリン主義体制の原型になったのだ、と書いた。

おそらくそうだろう。神権政治は民衆が笑うことさえも禁じた。神の名による恐怖政治である。それでサヴォナローラはフィレンツェの上層市民（ポポロ・グラッソ）たちから激しい憎しみ、恨みを買って、４年間の独裁政治のあと火炙りの刑にされてしまった。「火の上を歩けるはずだ。おまえはそう言った。歩いてみろ」とけしかけられた。この罠にかけられて、サヴォナローラが言い訳をして火の上を歩かなかったものだから、怒りに駆られた反対派に捕まって拷問にかけられた上で、シニョリーア広場で焚刑（ふんけい）にされてしまった。１３５ページの図の通りである。

裏で仕組んだのはローマ法王（アレクサンデル6世）だった。サヴォナローラは自分の味方をして後ろ盾だったフランス王シャルル8世が、軍隊をイタリアから引き上げたことで、自分が無防備になったのだと気づかなかった。

サヴォナローラが火炙りの刑にされた年に、ランディーノも死んでいる。ピコ・デッラ・

ミランドラは、前述したとおり、サヴォナローラよりも4年早く毒殺されている。フィチーノも1499年に死んだ。ポリツィアーノもおそらく殺された。ここで大きな政変、政治的な反動の嵐が吹き荒れたと考えるべきだ。暗殺につぐ暗殺があって人文主義者たちは、ほとんどが殺されていった。その一部始終をミケランジェロは、じっとそばで見ている。ミケランジェロは1475年生まれだから、1499年までの政変のときは、まだ23歳だ。この時期にフィレンツェで人文主義の知識人たちの主要な人々が死んでしまったのだから、ルネサンス思想運動は壊滅したのだ。ここにヨーロッパ最大の秘密が隠されていると、私は見抜いた。

このあとも1500年代（チンクエチェント）に入って、前述した1530年の栄光のフィレンツェ攻城戦（籠城戦）まで、ミケランジェロを含めて共和主義者（ポポロ、平民主義）たちの戦いは30年間続いている。このあとミケランジェロは1534年に暗殺されることを警戒してフィレンツェを離れて二度と帰らなかった。ローマに住んで仕事を続けて30年間、1564年（この年、死亡。88歳）まで、彼は芸術作品を作り続けている。だから、ルネサンスが1500年代も続いていると考えるのが普通だ。だが、私はそうは思わない。人文主義者たちが殺されていった1499年でルネサンスは終わったのだ。

ピコ・デッラ・ミランドラは早熟の天才で‘*Disputationes adversus astrologiam divinatricem*’『予言占星術に対する論難書』という本も書いている。この中で彼はカバラ（Cabala, Kabbalah）の神秘思想をずっと研究している。占星術と錬金術と「エルメス文書」とスーフィズム（イスラム教の神秘主義。あるいは純粋化の思想運動）、グノーシス主義については、この本では言及しない。

彼はギリシャ語、ヘブライ語からアラビア語までできたとされる。〝早熟の天才〟と言われた。23歳で前述した大会議を開こうとして、自分が出題（提案。Proposition）した９００個の命題を招待者にどんどん自由に参加者に答えさせて、思いっきり自由に討議させるという企てが１４８６年12月7日にローマで開催されることに決まっていた。みんなに考えろと言って、ピコがあらかじめ公開した出題のひとつひとつがローマ教会が怒り狂うような内容だったのだ。９００題のうち13個が異端と判断されたという。その翌１４８７年1月に再び開催が予定されていた討議のために用意されていたピコ・デッラ・ミランドラの演説が、前述した、後に本となった‘*Oratio De Dignitate Hominis*’『人間の尊厳について』である。教皇インノケンチウス8世が指名した16人委員会（異端審問会）の横槍が入ってこの草稿の97ヶ条すべてが異端とされた。

ピコは、この草稿を急いで出版物にしようとした。教皇側は慌てて発禁処分にした。だからこそ、このピコの行動が、まさしくルネサンス思想運動の頂点であり、ローマ教会との対決の絶頂点である。このように判定するしかない。このあと、ピコは身の危険を感じてフランスに逃げている。そして幽閉されていた牢屋から救出されてフィレンツェに戻る。フランス国王シャルル8世とロレンツォの力である。このあともピコは命を狙われた。ピコの死は、秘書が毒殺したと言われているけれども、真犯人はローマ法王だ。

ピコ・デッラ・ミランドラについての英語版ウィキペディアに、次のように書かれている。

2007年に、ポリツィアーノとピコ・デッラ・ミランドラの遺体がフィレンツェのサン・マルコ教会から掘り出された。ボローニャ大学の人類学教授ジョルジョ・グルッピオーニの指揮のもと、専門家たちが現代の検査技術を使い、この二人の人間が生きていたときの状態を調べ、死因を特定した。この調査結果から現在テレビ・ドキュメンタリーが作られた。最近公表された事実として、この法医学検査はポリツィアーノもピコ・デッラ・ミランドラも砒素中毒で死亡したと伝えている。ロレンツォの継承者のピエロ・デ・メディチの指図とされる。

In 2007, the bodies of Poliziano and Pico della Mirandola were exhumed from St. Mark's Basilica in Florence. Scientists under the supervision of Giorgio Gruppioni, a professor of anthropology from Bologna, will use current testing techniques to study the men's lives and establish the causes of their deaths. A TV documentary is being made of this research, and it was recently announced that these forensic tests showed that both Poliziano and Pico likely died of arsenic poisoning probably at the order of Lorenzo's successor, Piero de' Medici.

（英語版ウィキペディア「ピコ・デッラ・ミランドラ」）

世界各国で真面目な歴史学者たちが大きな真実を求めて、今もこのルネサンス思想運動の内実を解き明かそうとしているようだ。その世界的な傾向に私の脳は自然に同調しようとする。その中心はボローニャ大学のようだ。ピコとポリツィアーノ（どちらも１４９４年没）たち、殺された人文主義者たちの霊魂が私をフィレンツェまで呼び寄せ、私に乗り移ってきてこの本を書かせているのだ。

第3章

メディチ家とは何者であったのか

政治都市フィレンツェの誕生

フィレンツェにはミケランジェロたちよりもさらに200年遡った時代に、ダンテという先駆者がいた。

フィレンツェ人ダンテ（1265－1321）については、この本では多くを語れない。ダンテも政治家としてプリオーレ（市政委員）の要職に就いていた。ダンテは追放されたあと有名な『神曲』（1307－1321）を書いた。英語では『ディヴァイン・コメディ』、イタリア語では“*Divina Commedia*”で本当は『神聖を装った喜劇』という意味である。決して「神の曲」などという生ま易しい本ではない。全篇にわたって、カトリック教会とローマ教皇に対する激しい憎しみと怒りを、高級な詩文の形をまとって書いている。歴代ローマ教皇たちの数々の罪業の深さを韻文（ヴァース）の形でえぐり出すように書いている。その詩文の妙を私たちは味わうことができないが、本当はものすごい本なのだ。

その『地獄篇』の第19歌が重要である。教皇ニコラウス3世たちは私欲のための「聖物売買」の常習犯であった。この教皇たちが、穴に頭から逆さに入れられ、足に火を付けられ、めらめらと燃え上がっている場面がある。「地獄めぐり」の場面のひとつである。

「……このわしが何者か知りたい一心で、わざわざ（この地獄へ）あの堤をお主（ダンテ）が下ってきたのなら、知れ。かつてわしは（教皇の）大法衣を身にまとっていた、と。……わしの頭の下には、聖物売買罪を犯した大勢の先輩たちが押し落とされ、岩の割れ目にへしこまれておるわ。

わしも順番どおりあそこへ押し落とされることになろう。お主と見間違って、わしが早とちりの問いを発したが、あいつ（＝ボニファティウス8世）も来るだろう。……あいつとわしの二人分を合わせても余りある醜行を重ねたのが、無法の牧者（＝クレメンス5世）だ。あいつの次にこいつが西の方からやってくる……」（ニコラウス3世のせりふ）

（ダンテ『神曲〈地獄篇〉』寿岳文章訳、集英社文庫、217－218頁、訳文を一部読みやすくした）

ダンテ・アリギエーリ
（1265-1321）

このような具合である。ダンテの『神聖を装った喜劇』の本当の理解を、日本では誰も書かない。真実を広めない。

ここに出てくるボニファティウス8世は、ダンテをフィレンツェ市から追放した教皇である。ダンテは教皇派であるグェルフィ党に所属していた。だから、『神曲』はローマ教会擁護の宗教文学であるなどという単純な話ではないのである。堕落し、腐敗しつくしたローマ・カトリック教会へのダンテの怒りは深かった。だから、かつての教皇たちも地獄の責め苦で苦しまなければならない様を呪詛（じゅそ）を込めて描写せずにはおかない。それほどにカトリック教会の内側の汚職はひどいものだったのである。このことを日本では学者たちが誰もはっきりと書こうとしない。

ダンテは当時から大変、特に女性たちに人気のあった人だ。平民政府（共和政）が1250年にもフィレンツェで出来上がっている。これは革命運動でもあったわけで、特権的有力市民たちを追放してできた政府だった。その32年後の1282年に「第2次平民政府」ができている。そして、1293年ぐらいから、ダンテ・アリギエーリが政権に参加している。37歳の時、1302年にダンテが属した平民政府の白党（しろとう）（ホワイト・パーティ）が権力闘争に敗れた。ダンテはフィレンツェを追放されて二度と帰って来れなかった。だから、このあと

罪深い歴代の教皇たちが地獄で逆さ穴埋め刑に処されている

新装版で出版されたダンテ『神曲』に
ボッティチェッリが描いた挿絵
《地獄篇》第19歌

『神曲』を書いて次々に発表している。フィレンツェを追放されたけれども、周りの都市に点々と住んで、フィレンツェ政治に影響を与え続けた、ずば抜けた頭脳をした素晴らしい男だったようだ。

ダンテたちはグェルフィ党（教皇派）だから神聖ローマ皇帝派（ギベッリーニ党）と対立していた。グェルフィ党の中がさらに割れて白党に所属した。ダンテたち白党を追放した黒党の貴族政府ができたわけだ。ダンテは、貴族ではないポポロ・グラッソという上層平民の勢力を代表していた。上層平民たちが自分たちの政治的な力を結集して民衆の代表者による政治体制をつくった。ところが、ダンテたちは負けてしまって追放された。

ダンテと言えばベアトリーチェである。これが近代文学の土台になった「愛の物語」の始まりだ。「ダンテとベアトリーチェの愛の物語」だ。プラトン的な愛の世界だ。すべては男と女の愛の物語だ。ダンテは28歳で〝*La vita nuova*（ラ ヴィータ ヌオーヴァ）〟『新生（しんせい）』（1293年）というこの愛の詩集を書いてフィレンツェで爆発的に人気が出た。

大学の文学部というのは、「男と女の愛の物語」を読む所だ。男女のラブストーリーを芸術の一つだということにして、その中で名作、大作と呼ばれる傑作（マスターピース）を文学研究と称して追いかける世界である。

ダンテ・アリギエーリ　Dante Alighieri

1265-1321．イタリアの詩人。フィレンツェに生まれる。修道院経営のラテン学校に学び、ついでフィレンツェで碩学ラティーニに師事、更にボローニャ大学で修辞学を修めた。その後公的生活に入り（95頃）、フィレンツェの貴族の娘エンマ・ドナーティと結婚し４児を得た。

政治的活動では白党に属したが、フランスのシャルル・ド・ヴァロアの援助を得た黒党によって白党幹部としてフィレンツェを追放された。以後イタリア各地の宮廷を流浪し、領主の委嘱でヴェネツィアに使いし、帰路病を得てラヴェンナに歿した。

ラテン語ではなくイタリア語で書いた彼の主著は、31篇の恋愛詩を集めた《新生 La vita nuova, 1293》、流浪中に哲学や倫理の問題を論じた《饗宴 Il convivio, 1307-09頃》の他、宗教的叙事詩《神曲Divina commedia》が最大の傑作として名高い。ラテン語の主著では国家の教会からの独立を提唱した《帝政論　De monarchia, 1310-12》が著名。

《神曲》は放浪中に執筆を始め、《地獄篇 Inferno, 1304-08》、《煉獄篇Purgatorio, 1308-13》をまず完成し、晩年に《天国篇Paradiso》を完成した。

（『岩波西洋人名辞典』から抜粋・加筆）

もっと本当のことを言えば、性欲の肯定のことだ。人間の自然な性欲（別名「愛情」「恋愛」）をキリスト教会（カトリック）が抑圧して禁圧したものだから、人々はモゴモゴして、どうしていいか分からなくなって、その自然な感情をどうやって表に出すかで、苦しんだことの表れである。

そして、この「男女の愛の物語」は、どんな時代も、ものすごく大流行して、爆発的な人気を集めた。禁止され、抑圧されているものほど、人間は恋こがれる。だから、ベアトリーチェへのダンテの愛は、1290年にベアトリーチェが死んだ直後に『新生』という詩を書かせた。

文学なるものの始まりは「迷界（冥界）めぐり」である。『神聖喜劇』（神曲）の中では、ダンテとウェルギリウスが「地獄（inferno）」と「煉獄（purgatorio）」と「天国（paradiso）」の3つを次々とへめぐり、さ迷い歩く。この迷界（冥界）めぐりの伝統はホメロスの『オデュッセイア』から、ウェルギリウスの『アエネーイス』を経てダンテの『神曲』までしっかり受け継がれている。迷界めぐり＝迷宮めぐりこそは文学の始まりである。そしてこれは今の人間たちの多くが没入しているロール・プレイング・ゲームにまで続いている。ロール・プレイング・ゲームこそは、文学の正当な嫡子だ。

私たち日本人は、今からダンテをダンテの真意を汲み取るように読むべきだ。この「迷界めぐり」という組み立て（構成）は、のちの、ゲーテの大作『ファウスト』にも通じる。フランスでは、『アベラールとエロイーズ』という男女の愛の大スキャンダル事件として起きた（１１２０年）。そしてボッカッチョの『デカメロン（10日間物語）』（１３５０年）につながる。

このあと、イギリスとフランスの間で百年戦争（１３３７－１４５３）が始まった。本当に１００年間も英仏は断続的にダラダラと戦争を続けた。そのお陰で、フィレンツェ市の銀行家たちがイギリス国王に貸していたお金が債務不履行となり踏み倒された。このとき、フィレンツェの街全体が一時、破産する。フィレンツェはすでに国王や貴族たちへの銀行業（金貸し業）で食べていた都市なのである。後にフィレンツェのメディチ家から嫁いだマリア・デ・メディチ（１５７５－１６４２）が、フランス国王アンリ４世と結婚した。彼女はフランスの貴族社会で「太った女銀行家」とけなされている。ヨーロッパ最大の金持ち、銀行業の都市がフィレンツェであり、とりわけメディチ家がその最大の一族だったのである。

メディチ家の勃興

老（ベッキオ）コジモの父、ジョバンニ・ディ・ビッチ・メディチ（1360－1429）が、メディチ家の大成功者である。彼ディ・ビッチが「メディチ銀行（バンカ）」を設立したのは1397年だ。このディ・ビッチが老コジモのお父さんである。だから、普通、メディチ家の話をするときはここから始まることになっている。

ディ・ビッチ（・メディチ）は、人民党（ピープル・パーティ）、すなわちポポロ党（平民党）をつくって、その首領になった。首領をイタリア語でプリオーレ（priore）という。英語（ゲルマン語）でなら、部族の長である酋長（しゅうちょう）をチーフchiefという。チーフがのちにキング「王」になっていった。このプリオーレが「一番上の人」という意味で「首領」だ。ディ・ビッチは金融業で巨額の富を蓄えたから、周りの有力市民たちに推（お）されて、さらに上のゴンファロニエーレにもなった（1421年）。ゴンファロニエーレは「市政長官」と訳される。フィレンツェの歴史のなかでは重要で、ゴンファロニエーレが自治都市政府の最高権限者である。この市政長官が、軍事の最高責任者（総司令官）を任命する。

フィレンツェは「コムーネ」communeと呼ばれる、教皇から認められた自治都市に早く1100年代になっている。だが、ディ・ビッチのあとを継いだ老コジモも、孫のロレンツォもゴンファロニエーレになっていない。実質的な最高実力者ではあったのに、ほかの人物を立てて自分は後ろにひっ込んだ。老コジモもロレンツォも10人ぐらいいるプリオーレ（市政委員）にはなっていただろう。実際には、シニョーレ（大親分）と呼ばれていたようだ。

　メディチ家はディ・ビッチの時、巨満の富を蓄えて、ヨーロッパ一の大富豪になった。それだけの資金をどうやって作ったのかは、どの歴史書にも書いていない。ここに秘密がある。裏の穢(きたな)い話は223ページに書いた。メディチ家は代々ローマ教皇にも金を貸している。各国の王様、ドイツ諸侯たちにもお金を貸していた。

　それなのに偉大なるロレンツォの時にはもう、あまり自分の個人資産はなくなっていた。周りの国王たちを抱き込むのに使ったからだろう。ロレンツォはフィレンツェ市の公金を使い込んだり、メディチ家の他の親戚たちから借りたりしている。借金を踏み倒したりもしている。ロレンツォは人文学者（ウマニスタ）たちや芸術家たちのパトロン（財政支援者）でもあったから、太っ腹で、陽気で、底抜けの明るさをしていた。それでもフィレンツェの自由の空気を守るために、ものすごく神経をすり潰しただろう。痛風で苦しんでいたという。43

歳で死んでいる。

ロレンツォと並んで偉大だった老コジモ、の父親のディ・ビッチは、相当に荒っぽいことをやった。密貿易や戦争物資（武器・弾薬）の大量取り扱いから、奴隷売買、麻薬（家業である薬の一種だ）の販売もやったはずだ。ディ・ビッチは、枢機卿（カーディナル）だったバルダッサーレ・コッサ（1370－1418）を支援していた。二人は死ぬまで盟友だった。枢機卿というのは、たしか今は177人だ。枢機卿というのは、ローマ法王を選出するための選挙人たちである。「コンクラーベ」がローマ・カトリック教会の議会であり、その議員たちをカーディナルという。

枢機卿にまでなったバルダッサーレ・コッサは、元は海賊だったと言うから驚く。相当に破天荒な前半生を生きた人で、若い頃に人殺しから強盗から男色でも何でもやったというからものすごい男だ。のちに告発されこれらの罪状が暴かれた。そしてこの人物が、なんと、このあとヨハネス23世（在位1410－1415）というローマ教皇になっている。そのまえのアレクサンデル5世というローマ法王を暗殺することまでしたらしい。そして、自らがローマ教皇になっている。

こういうヨーロッパ史の本当の姿を私たち日本人はほとんど知らないままに、なんだかイギリス、フランスの歴史ばっかり教えられてこの１５０年間が経った。ローマ・カトリック教会がヨーロッパ全体の政治権力闘争の中心の場所なのだ。

　このヨハネス23世の片割れだったのがディ・ビッチだ。だから、この二人で当時の世界規模での悪事を働いたと私は思う。この辺りのことは、歴史書にあまり証拠が残っていない。世界で一番の財力を握っている者が常に世界権力者だから、権力者というのはいつの時代にも大悪人であるに決まっている。

　前述したとおり、メディチ銀行（バンカ）ができたのが１３９７年だから、ちょうど１４００年ぐらいのことだ。ヨハネス23世になったバルダッサーレ・コッサは、なんとまあ、この後、逮捕されてしまって、ドイツのハイデルベルクでお城に幽閉された。それをまたディ・ビッチが、金の力で助け出した。そして、さすがに教皇は辞めさせられたが、また枢機卿に返り咲いている。それぐらい荒っぽいことが許されたのだろう。毒殺などは平気で行われていたようだ。

　一体、歴史の裏側で何が行われていたのか。１４３ページでダンテがはっきりと描いた、極悪人の歴代ローマ教皇たちの、真の姿がここにある。当時の人たちは、ヒソヒソと噂し合って知っていた。ダンテの『神聖を装った喜劇』が爆発的に愛読されたはずである。それらの真実は歴史の闇の中に葬り去られてしまった。だからそれらを後世に丹念に掘り起こして

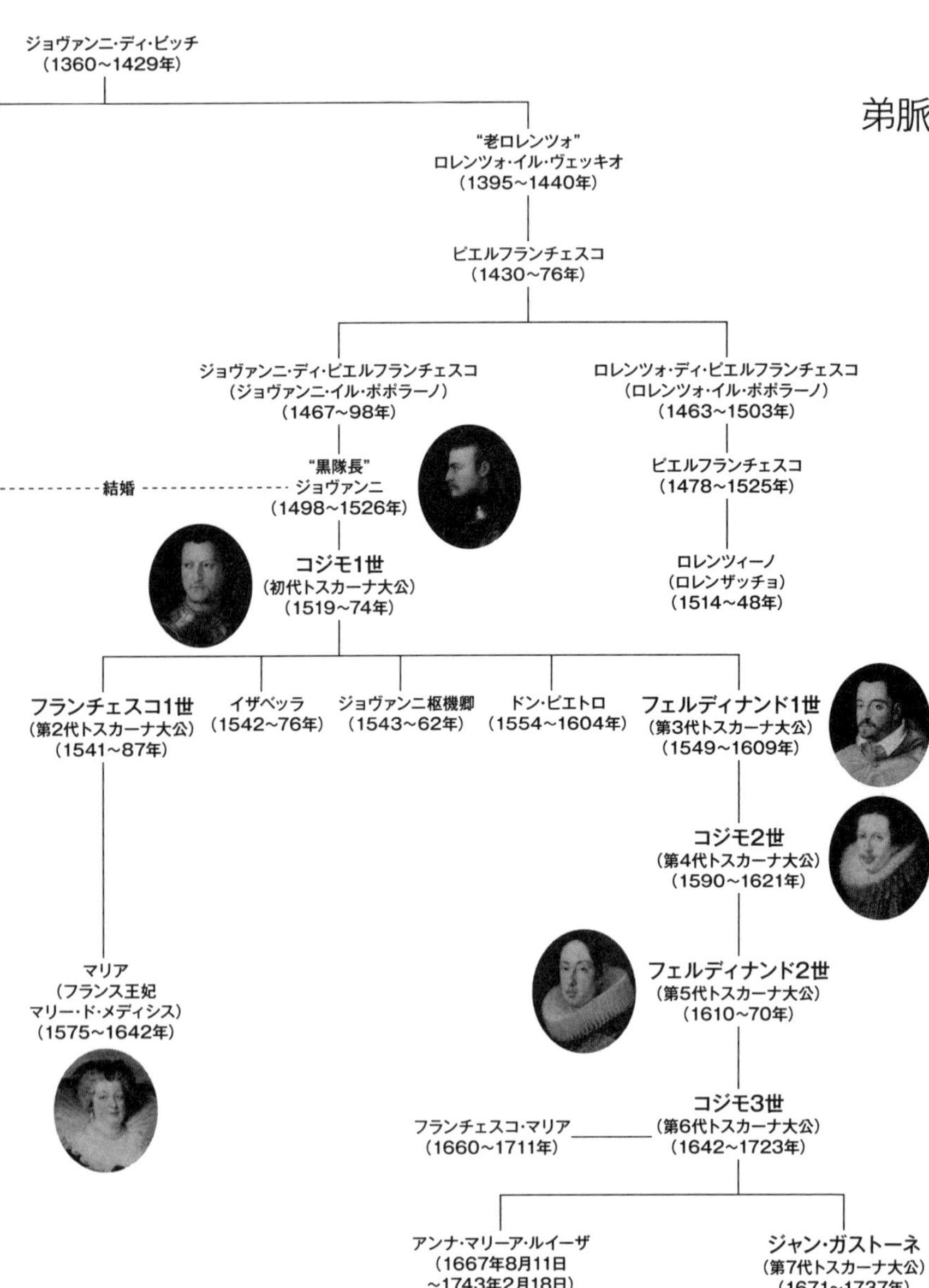

中嶋浩郎『図説メディチ家』河出書房新社、2000年、p.14－15を参考に作成

メディチ家略系図

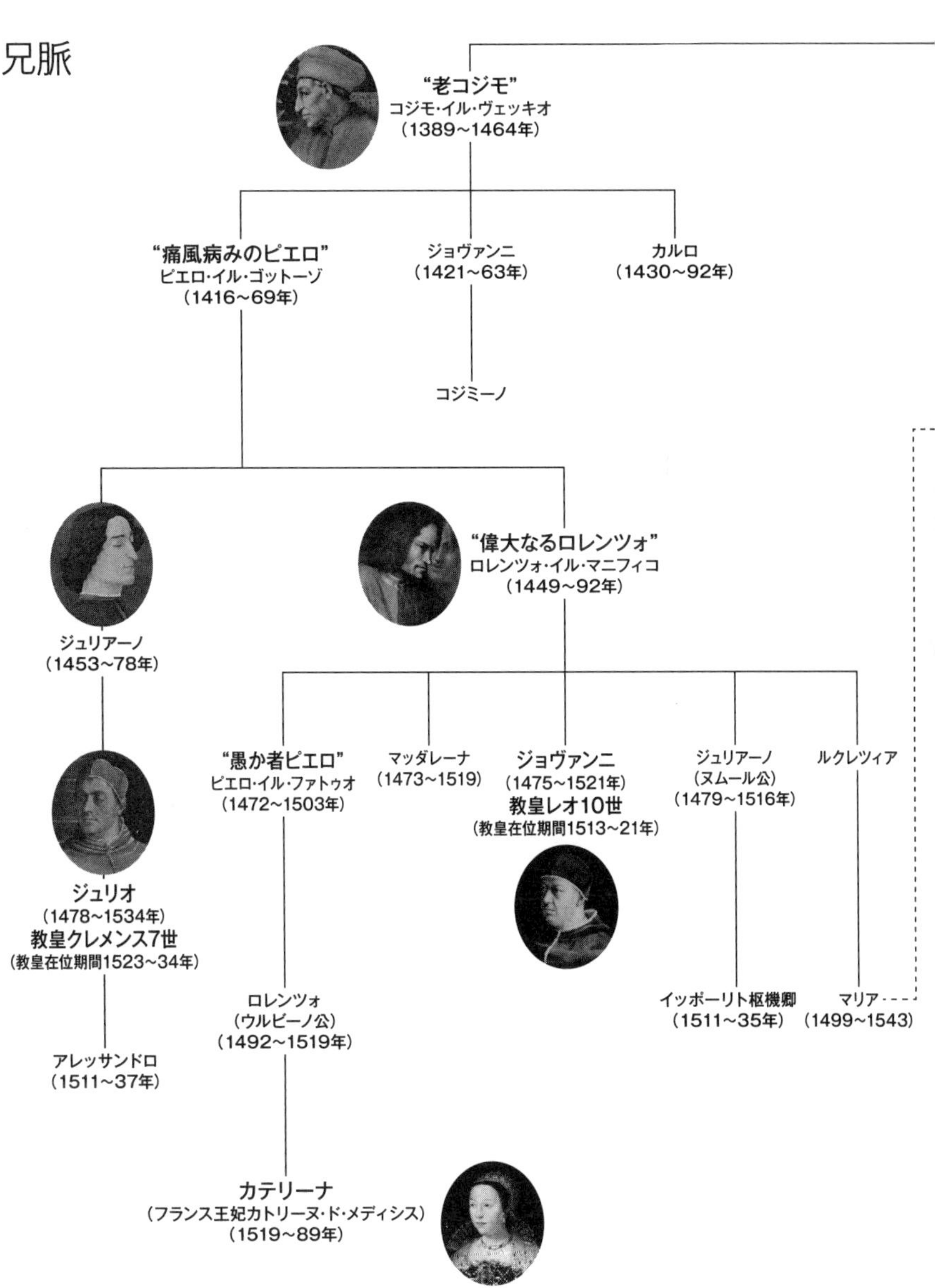
兄脈
"老コジモ"
コジモ・イル・ヴェッキオ
(1389~1464年)
"痛風病みのピエロ"
ピエロ・イル・ゴットーゾ
(1416~69年)
ジョヴァンニ
(1421~63年)
カルロ
(1430~92年)
コジミーノ
ジュリアーノ
(1453~78年)
"偉大なるロレンツォ"
ロレンツォ・イル・マニフィコ
(1449~92年)
ジュリオ
(1478~1534年)
教皇クレメンス7世
(教皇在位期間1523~34年)
アレッサンドロ
(1511~37年)
"愚か者ピエロ"
ピエロ・イル・ファトゥオ
(1472~1503年)
マッダレーナ
(1473~1519)
ジョヴァンニ
(1475~1521年)
教皇レオ10世
(教皇在位期間1513~21年)
ジュリアーノ
(ヌムール公)
(1479~1516年)
ルクレツィア
ロレンツォ
(ウルビーノ公)
(1492~1519年)
イッポーリト枢機卿
(1511~35年)
マリア
(1499~1543)
カテリーナ
(フランス王妃カトリーヌ・ド・メディシス)
(1519~89年)

ゆくのも本物の知識人の大切な仕事だ。知識人（インテレクチュアルズ）とは「人類の過去を保存してゆく人々」のことを言う。

ディ・ビッチのほうはさらに栄えて、1421年には自らがゴンファロニエーレになった。1402年に、教皇庁の会計院（のちのヴァチカン銀行）の財務責任者にも任命されている。ヴァチカンの教皇庁の財政まで握ったのだ。しかも、この職務が1580年ぐらいまで続いたというから、やはりメディチ家が世界一の金融家であり、財政家であった。今でも日本の天皇家の財宝（大量の金（きん）の地金（じがね）やアメリカ国債など）がこのヴァチカン銀行に隠してあるのである。誰もこじ開けることはできない。ここは触れてはならないことに今もなっている。

偉大な老コジモ

ディ・ビッチはフィレンツェの両替組合の重要なメンバーだった。両替商というのは、マネー・エクスチェンジャーだから、まさしく銀行家そのものである。金貸業のドンだったということだ。父親のディ・ビッチがゴンファロニエーレになった前年である1420年に、まだ青年だった老（ヴェッキオ）コジモが、父親から教皇庁会計院の財務責任者の地位を引き継いでいる。

だから、フィレンツェの自治都市（自由都市）の政治は、ちっともきれい事ではないわけで、諸悪の根源であり、悪の巣窟（そうくつ）であるローマ教会とベタベタ、ズルズルの深い関係を続けていたのだ。巨額の富を握り締めている者たちが本当の本当の支配者だ。巨額の富が背後になければ政治権力闘争もできないし、文化・芸術・啓蒙活動もできない。何万人もの兵隊（軍隊）を動かすこともできない。人間を集めて研究所や学校をつくったり、会議を開いたりすることさえできない。

偉大なる老コジモ

お金（資金、予算）の話を抜きで歴史（学）の話や歴史叙述をすると、「子どもの歴史のお勉強」、すなわちお子様ランチになってしまう。文学部の歴史学科の教授たちが書く歴史の本は、だいたい「ものごとの表面だけをかすった」だけの、子どもの歴史学である。古文書（こもんじょ）（文献史料）や石碑（文）がなければ何も書けない。書いてはいけないと自制している。本当に危険な契約書や暗殺指令書などが残っているはずがないのだ。本当に危険で泥臭い、生（な）まの人間のぶつかり合いを分かろうとしなければ、本物の歴史の本は書けない。他人事（ひとごと）

で、遠くからの傍観者である者に、大きな真実は描けない。

父親のディ・ビッチが1429年に死ぬとすぐにコジモ・デ・メディチ（老コジモ、1389－1464）が最高権力者になる。

しかし、すぐになったわけではない。当時のフィレンツェは寡頭政治（オリガーキー、oligarchy）であり、数人の有力市民による合議制の政府である。ローマ帝国の「三頭政治」の伝統だ。その長老政治家であったニッコロ・ダ・ウッザーノという男と老コジモが組んで、アルビッツィ家のリナルドという男を打ち倒そうとした。老コジモは、そのために何年かかかっている。それを対ルッカ戦争で決着をつけた。ルッカという都市がフィレンツェから西方60キロメートル先にあって、寡頭政府のリナルドは、フィレンツェにとってはゆくゆくはミラノとの戦いが非常に重要だから、そのまえにまずルッカを攻撃しようと考えた。そして実際にルッカを攻めた。

だが、ミラノが雇った傭兵隊長のスフォルツァというのがいてとても強かった。このスフォルツァが、のちにミラノの名門ヴィスコンティ家から奪権してミラノ公になる。フィレンツェは、このスフォルツァに5万ドゥカート（おそらく今の金額で50億円）のお金を渡して買収してしまう。ところがこの後、ミラノ公が雇った別の傭兵隊長が攻めてきてフィレンツェ

今はただのイタリア国だが、かつては偉大だった

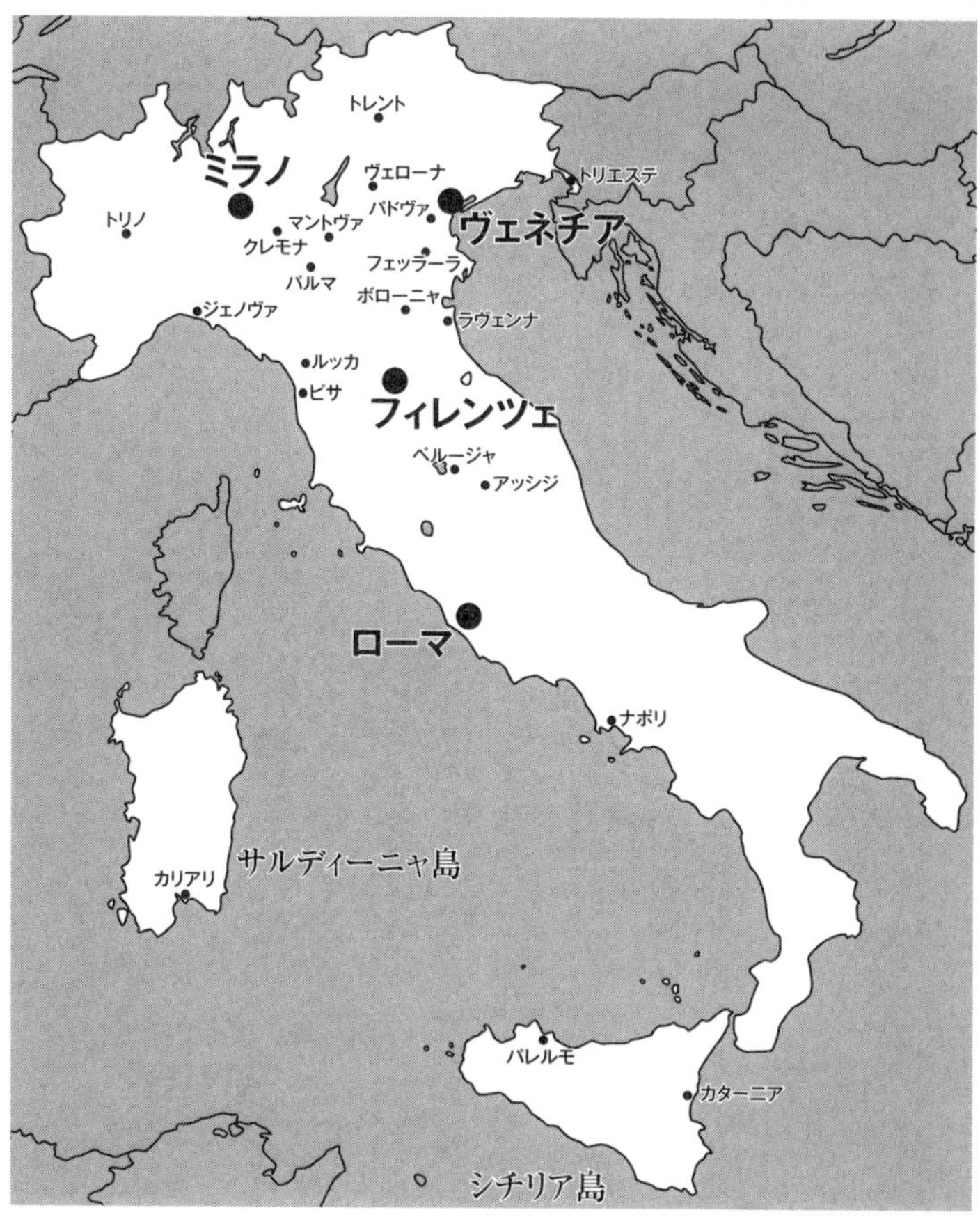

イタリア主要都市の地図

軍は敗れてしまった。リナルドの失敗に対して不満をもった市民たちが反発を強めて、リナルドは失脚してしまった。老コジモがもともとルッカ侵攻に否定的だった勢力の中心にいた。

１４３３年には、まだリナルド派が強くて、政治権力を完全に握っていなかった老コジモは彼らに逮捕されてしまった。召集された緊急市民集会で、「バリーア」という、非常時の機能が設置された。バリーアで手続きされたことがフィレンツェの最高決議になる。そのバリーアで決議が下りて、老コジモはフィレンツェから追放処分にされた。パドヴァという都市（ヴェネチアに近い）に10年間追放という処分だ。だから老コジモのメディチ家のほうがまだ負けていた。

翌年の１４３４年9月には、老コジモはおそらく後ろから手を回してミラノと手を組んだ。これは離れ業に近いやり方だ。おそらく金の力で、長年の宿敵だったミラノを味方につけてしまった。そういうものすごいことをメディチ家は実際にやってきた。ロレンツォも似たようなことをナポリ王に対してやった。だから、メディチ家は、国王という暴力団の親玉ではなくて、平民（ポポロ）出の大商人に過ぎないのに、国王並みの力をもてた。やはり、本当はお金の力だと思う。軍事力（軍資金）さえも圧倒するだけのお金の力をもっていることが重要だ。

メディチ家は武器、弾薬の取り扱い方、運搬（兵站、補給路）以上に資金の投入の仕方を知っていた。そして老コジモとその孫のロレンツォだけは、歴代のメディチ家当主の中でもズバ抜けて賢い。賢いを通り越して偉大である。ロレンツォ・イル・マニフィコ（壮麗、華麗、豪華なるロレンツォ）と、今もヨーロッパの歴史書で呼ばれている。この二人だけは、飛び抜けて頭がいい。他のメディチ家の者たちは、ローマ教皇になった者たち（ジョヴァンニ＝レオ10世、ジュリオ＝クレメンス7世）を含めて、ただの歴史上の権力者にすぎない。

このあと「コジモの帰還」と呼ばれるものすごく華やかな、すべてのフィレンツェ人が広場に集まってお祝いするお祭になった。老コジモはフィレンツェの民衆に歓呼で迎えられて、追放先から帰ってきた。そして、緊急市民集会が再び開かれ、このバリーアで、今度は一年前とは反対に、リナルド派のほうがフィレンツェから永久追放された。これが１４３５年だ。そして、老コジモが名実ともに最高指導者になった。そしてすぐにルネサンスが始まった。

メディチ家の歴史

ルネサンス思想運動を牽引した人文主義者たちが暗殺され死んでしまった１４９９年に、

ニッコロ・マキャヴェッリ（1469-1527）
苦労し過ぎてすっかり悪そうな顔になってしまっている。

偉大なるルネサンスは終わった。用心深いミケランジェロはローマで生き続けた。人々の生活は表面上は何事もないかのように続いた。フィレンツェの都市は、表面的には自治都市のままであった。メディチ家のピエロ・デ・メディチら（偉大なるロレンツォの息子たち）の実質的な支配が有るのだが、表面上は自治都市である。ピエロたちは愚鈍の故にただの権力者に成り下がった。

１５０２年からピエロ・ソデリーニ（１４５０－１５２２）がかなり強力な共和政治をやる。ソデリーニは優れた政治指導者であったようだ。このときに、ソデリーニの横にいて最も力があったのが、ニッコロ・マキャヴェッリ（１４６９－１５２７）である。十人委員会という執行部の筆頭となってマキャヴェッリが10年間、共和政治の実務をする。メディチ家は独裁者として追放された形になった。つまり、反メディチ家であることが共和主義（レプッブリカネージモ repubblicanesimo）を意味した。

フィレンツェこそは、人類史の最先頭であり、ヨーロッパ近代の揺籃（ようらん）である。フィレンツェが人類史の実験場である。ソデリーニのレプブリカン政府ができて、これは革命政府のようにも見えた。ここには共和政を通り越して、他の地域では300年後（1800年代）になってからようやく顔を出す、民主政治（デモクラシー、デモクラツィーア democrazia、民衆による体制）の萌芽があった。

人類史上の初の民主政治を実現したのは、アメリカ合衆国（ユナイテッド・ステイツ United States。1776年に宣言した）である。そのように世界中の政治学（者）が認めている。だが、その始まりは北ヨーロッパのオランダの諸都市（自治都市）ではなくて、やっぱりフィレンツェである。フィレンツェでわずか10年間だけ（1502～1512年）成立した共和政治体制は、共和政を通り越してそのまま、中・下層民衆主体の民主制（デモクラシー）の政治権力だったと考えるべきだろう。だから、光輝くフィレンツェのシニョリーア広場の正面にミケランジェロの真っ裸の青年ダビデ像が堂々と飾られるという偉業（そして500年の風雪に耐えて今も在る）を達成したのである。偉大なるロレンツォの息子たちからあとは、メディチ家はただのボンクラ人間、現実の前にひれ伏す悪人支配者になってしまった。

マキャヴェッリはずば抜けて優秀な頭脳をしていて、大思想家と呼ばれる風格でありながら、その一方で卑屈に現実（を受け入れる）主義者（リアリスト）に転落していった。マキャヴェッリは10年間、政治実務を実行した。きれいごとではない現実政治の穢らしい面をすべて体験したはずだ。いくら理想の共和制体制が出来たとしても、目の前にはドロドロの現実政治だけが存在した。マキャヴェッリについては182ページ以後で続けて書く。

1512年にこの真正な共和政はもろくも崩れ去った。なぜかというと、常にフィレンツェ共和政府の後ろ盾（応援者）であるフランス軍が皇帝軍と戦争をして、ラヴェンナで戦って（1512年4月11日）、フランス軍が一度は勝った。だからフィレンツェ共和政には良いことだった。メディチ家のドンのジョバンニがこの戦争に加わって捕虜になった。何とか脱走して、皇帝軍にたどりついて、再びフランス軍と戦った。

ドイツ（神聖ローマ皇帝）軍のほうがフランス軍よりもたいてい強かった。だから、フィレンツェ共和国は弱体にならざるを得ない。フランス国王とフィレンツェの共和主義者（上層市民も一部含まれている）は、教皇と皇帝の連合軍によるハサミ打ちに合うようになった。これに対して、フランス・フィレンツェ同盟はイスラム教（オスマン・トルコ帝国）勢力と組んだ。それでも負けてしまった。こうしてソデリーニの共和政が倒れて、メディチ家が再々度フィレンツェに復帰する。ロレンツォの次男のジョバンニが枢機卿となり、やがてローマ

サッコ・ディ・ローマ（ローマ劫掠）
1527年４月

法王になった。「歴史の狡智(こうち)」というやつである。

このあと、１５２５年にカール５世という強力な神聖ローマ皇帝が出現して、ものすごく戦争に強い男だった。ルター派の新教徒(プロテスタント)の都市同盟もボロ敗けする。１５２５年にドイツで農民戦争（巨大な農民一揆）が起きた。指導者のトマス・ミュンツァー（１４８９－１５２６）の農民軍は２年で蹴散らされて、ミュンツァーは処刑された。マルティン・ルターは、ミュンツァーと手紙のやり取りをしていたが、「農民たちの理想主義では実際の政治の恐ろしさには勝てないのだ」とミュンツァーの軽はずみの決起には乗らなかった。このカール５

世の皇帝軍がさらにパヴィアで、新フランス国王のフランソワ1世の軍隊を打ち負かした（1525年2月24日）。

この時から、強大なカール5世の時代が来てしまった。ハプスブルク家のカール5世が、アブソルーティズム（絶対王政）の始まりだ。非常に強力な皇帝（ドイツ王、スペイン王でもある）で、ヨーロッパがまったく変わってしまった。老コジモやら偉大なるロレンツォの時代はすっかり過ぎ去って、殺伐とした戦争と圧政の時代に、ヨーロッパ全体が入っていった。このあとサッコ・ディ・ローマという惨劇が起きる。ローマ劫掠（ごうりゃく）とも呼ばれる。カール5世の軍隊を率いていたブルボン公シャルル3世（1490-1527）という小物の王がいて、ドイツのランツクネヒト軍団を率いて来て、これがフィレンツェのそばを素通りして、1527年5月、ローマを陥落させ、はじめの1日で9000人の市民を殺したと言われている。

このときメディチ家のひとりに、黒隊長ジョヴァンニ（1498-1526）がいて、ローマ教皇になるジョヴァンニとは違うメディチの弟家系で、勇敢な男で、カール五世の軍隊と戦って戦死している。この息子が、コジモ1世になる。このあとは老コジモの弟のロレンツォの家系の者たちがメディチ家全体を引き継いだ。黒隊長ジョヴァンニも死んで、1529年に、ローマの方から移動してきて、すっかり包囲されてしまったフィレンツェの市民防衛隊長に、52歳で任命されたのが、ミケランジェロだ。

ミケランジェロは現状に悲観的になって、10、11月の2カ月間だけヴェネチアに逃げた。

ミケランジェロは用心深く、自分が戦争で死なないように慎重に動いた。カール5世の皇帝軍が4万人で包囲した。1527年4月からフィレンツェは包囲され1年間の攻城戦（籠城戦）ののち陥落した。この戦争の叙述は、羽仁五郎『ミケルアンヂェロ』の巻末の方で美しく活写されている。是非、読んで下さい。ミケランジェロは共和政治のために自分に出来る限りのすべての努力をした。彼は愚かなる無駄死には選ばなかった。同志や友人たちがこの攻城戦で多く死んだ。ミケランジェロは生き延びて、「10世紀（1000年）たったら、（自分の人生と作品が）どう評価されるか分かるものか」の名言の通りに生きた。人類史上、大切な自治都市＝共和政治がこの1530年にフィレンツェで打ち倒された。

以後はフランス国、スペイン国、イギリス国、ドイツ諸国の対立が中心の世界になってゆく。それとオランダを中心にした商業自治都市の連合体のような近代資本主義地帯とが同時並行で存在する。しかし、ドイツのハンザ同盟の自治都市やオランダ自治都市連合もロンドン市（シティの大商人たちの自治）も、国王の権力には刃向かえなくなった。大商人（ビュルガー、シチズン、シトワイヤン）たちはびくびくしながら生きるようになった。王様（王国）

を凌いで、見下すほどの自治都市の存在は、フィレンツェの１５３０年の陥落でやはり終わっている。羽仁五郎が書いているとおりである。

同時代人としてすべてを目撃したミケランジェロ

この本の48ページでも書いたが、１５２７年のカール5世の軍隊のランツクネヒト軍団の兵士たち（傭兵、ほとんど暴力団の感じ）の中に、ルターの思想の影響を受けている者たちがいた。わずかその10年前の１５１７年にルターが抗議運動を始めていた。彼らはならず者だけれどもドイツ農民としての怒りを持っている者たちで、ローマ教会に対して激しい憎しみを抱いていた。ルターはまだ元気で生きていた。このドイツ兵たち2万人がローマの市内を皆殺しにして復讐をした。それだけローマ教皇からそれまでに、新教徒的な人々がたくさん殺されていたのだ。すでに１２００年代からローマ教会への激しい憎しみの蓄積があった。だから、おそらく、4、5万人のローマ市民たちを刺し殺して、掠奪してまわった。このときのドイツ人のローマ教会への復讐心に私は驚く。

マルティン・ルターは１５４６年に死んだ。2月に死んで、その直後にこの憎しみが頂点に達してドイツの新教徒たちは決起した。これがシュマルカルデン都市同盟による戦争だ。シュマルカルデン同盟戦争こそは、ヨーロッパのものすごく素晴らしい戦いだと私は思う。１５３１年にシュマルカルデン同盟はできている。２００ぐらいの都市が団結して皇帝カール５世軍と戦った。このシュマルカルデン戦争が１５４６〜１５４７年に起きた。しかし、勝てない。プロテスタント側のボロ負けだ。皆殺しに近い。それでもこれがドイツ民族の最高の戦いだ。この戦争は、ルターが死んだ年に起きたことが重要だ。ルターの死によってもう抑えきれなくなっていたルター派の自治都市連盟が、人殺しのプロでもないのに、素人から成る軍隊と傭兵部隊で戦って負けた。

　新教徒軍が勝ち始めるのに、このあと百年かかっている。１００年間、負け続けて、ようやく１６４８年に勝った。グスタフ・アドルフ（１５９４-１６３２）というプロテスタントのスウェーデンの国王が上陸してきて、新教徒軍として最前線で戦って戦死している。それが１６３２年のリュッツェンの戦いだ。この国王グスタフ・アドルフがきっと今でもスウェーデン最高の人物のはずだ。そして、ようやくのことで、新教徒が勝ち始めた。そのときにオランダとイギリスが成長する。１６００年代がようやくイギリスとフランスの時代だ。１６４８年にウェストファリア条約ができる。ウェストファリアという北ドイツの都市の川の向こう側がミュンスターという都市だ。条約の名前が違うだけで、ミュンスター条約も成立した。このときヨーロッパで信教の自由が確立した。「新教徒が領主である地域の領民たちは、新教徒でよい」という内容になった。新教徒でも殺されずに済むというウェストファリア条約体制ができた。それまで100年かかっている。

ミケランジェロがまだ生きている1543年に、コペルニクスの『天体の回転について』という論文が出た。コペルニクスは自分が死んだらすぐに発表しろと弟子たちに言い残した。自分が死んだら、宗教裁判所はもう火炙りの刑にできないからだ。それぐらいの覚悟でコペルニクスはこの地動説の大論文を計画的に発表した。そのあとガリレオが出てきて、このコペルニクスの地動説を自分で使った天体望遠鏡を使って目で惑星を見て証明したのは、それから実に70年後だ。この時でもまだガリレオは火炙りの刑にされそうだった。それぐらいカトリック教会の中の思想警察官(ソート・ポリス)たちというのは、恐ろしい思想弾圧者たちだった。このカトリックの強硬な保守主義の体質は当然いまも保存され続けている。ローマ・カトリック教会が犯した悪事(あくじ)の数々を私たちは軽視してはならない。

再度書くが、1633年にガリレオを宗教裁判所から守ったフェルディナンド2世(16

１０−１６７０）と、そのお父さんのコジモ2世（１５９０−１６２１）は、この時はもうトスカーナ大公であり、ただの王様になってしまっている。

ミケランジェロは１５３０年のフィレンツェ戦争に敗北したあと、52歳になっていたが、自分で自分の命を救った。周りの共和政主義者の同志たちはたくさん殺された。その数は分からない。数百人規模で指導者だった人々は処刑されたようだ。この時は、クレメンス7世がローマ法王で、彼もメディチ家の人間だ。

ジョヴァンニ（レオ10世）の時代の次の１５２３〜１５３４年はクレメンス7世（幼名ジュリオ）で、ミケランジェロは少年の頃、彼らといっしょに家の中で育ったはずなのに、ミケランジェロをあまり好きじゃなかった。ラファエロの方を愛して仕事をさせた。〝誰にでも愛された〟ラファエロは１５２０年の4月6日に、37歳の誕生日にさっさと死んでいる。

クレメンス7世は、フィレンツェが陥落した１５３０年のうちにさっさとミケランジェロを許してローマに呼んで仕事をさせた。天井画「天地創造」を描いた30年後に、同じシスティナ礼拝堂の横の壁（祭壇の前）に今度は絵を描けと命じた。ミケランジェロは人生の残りの30年間を、システィナ礼拝堂を含むサン・ピエトロ大聖堂全体の建設と設計の責任者として、コツコツと働いている。

全ての神を人間と同じ裸体にしたミケランジェロ

システィナ礼拝堂の天井画（部分）
1512年完成。ミケランジェロの30代の傑作。

人間イエスとその家族たち

ピエタ・バンディーニ（通称「フィレンツェのピエタ」）
背後の男は聖ニコデモとされているが、本当はイエスの父ヨゼフだ。イエス・キリストは普通の人間で家族がいたという当時絶対に言ってはならないことをミケランジェロは表現し続けた。1550～1555年頃。

4年かけて60歳代のミケランジェロが描いたのが『最後の審判』である。すべてを見てしまったミケランジェロは、もう20代、30代の若い頃のような、光が内からあふれ出るような、燃え上がるような美しい作品を作ろうとしなかった。

彼の晩年はやはり、にび色に深く沈んだ、老成した超大家の作品を作り続けている。6体の「奴隷たちの像」（未完）や「ロンダニーニのピエタ」（1559年から、84ページ）とその前の「フィレンツェのピエタ」（1550〜1555年頃、173ページ）などを見ると、偉大なる芸術家にして思想家の、最後の闘いが造形されている。共和主義と人文主義に全身全霊を打ち込んで、かつ全てを目撃した人間の凄さがある。人間を神の奴隷にしたローマ・カトリック教会との死ぬまでの闘いだった。それは同時に何人もの教皇に仕えて、彼らから頼まれた作品を作り続けた人生でもあった。皮肉きわまりない。

メディチ家の黄昏

陥落して共和政（制）が終わったあとの1540年代でも、フィレンツェはまたすぐに復活して繁栄を続けた。この頃でもまだ、メディチ家が世界最大の金持ちだった。だから、偉大なるロレンツォのひ孫であるカテリーナがフランス国王アンリ2世のお妃になっている。カトリーヌ・ド・メディシス（1519－1589）であり、「フィレンツェから来た平民の銀行家の娘」とパリで陰口をたたかれた。夫のアンリ2世が暗殺されたあとカトリーヌがフランス政治の実権を握った。カトリーヌは新教徒（ユグノー）の思想を理解しながらも、フランスがカトリック保守の体制でなければ保たないと思い知った。だから「聖バルテルミーの大虐殺」（1572年8月24日）の翌朝、お供の女官たちを連れて気丈に虐殺の惨状を見て回った。

マリー・ド・メディシス
（1575-1642）

そのあとの国王アンリ4世にもメディチ家から嫁がせている。マリア・デ・メディチ（1575－1642）であり、フランス読みならマリー・ド・メディシスだ。カトリーヌ・ド・メディシスは、夫のアンリ2世とともに、一所懸命、新教徒を理解しようとし、助けようとした。新教徒とカソリックが戦いを起こさないように一所懸命なだめた。アンリ4世もいい王様だった。いまでも尊敬されている。ジャン・ポール・サルトルたちが出た、パリの一番優秀な名門リセはたしかアンリ4世学校だ。息子のアンリ3世は、カトリックと新教徒の争いを調停しようとして殺された。

カトリーヌ・ド・メディシスとアンリ2世はオランダのアムステルダムから占星術師のノストラダムス（1503－1566）を呼んで、一生懸命ノストラダムスの予言を信じたようだ。ノストラダムスは、未来予言者であり、神秘主義思想の人だが、きっと、カソリック教会の悪をよく分かっていた男だ。私たちは隠されている秘密をほじくり出さないといけない。なぜ、二人はあれほどにノストラダムスを大事にしたのか。

カトリーヌ・ド・メディシスは、次々と王になった息子たち3人の摂政（レジェント）になって、同族のマリア（マリー）を迎える。このあと、メディチ家は終わりになっていく。フランスはルイ12世、ルイ14世（〝太陽王〟と呼ばれた）が出て、ヨーロッパで一番華やかな国になった。しかし、それでも世界覇権はスペインに移った。カール5世の息子のフェリペ2世が、南米産の金と銀（クスコとトポシの銀山）を背景にして、1560～1600年ぐらいまで世界最大の力をもった。レパントの海戦（1571年）でオスマン・トルコのイスラム軍に勝った。しかし、17年後の1588年には、エリザベス1世のイギリス新教徒の王国に「アルマダ戦争」の海戦（ロンドン攻め）で大敗北している。

フィレンツェでは、コジモ1世（1519－1574）が1548年に17歳で即位して、大公という国王になってしまう。そして皇帝が背後から操った。フィレンツェはこの頃から絶対主義（アブソルーティズム）の国王たちの風下（かざしも）に立つ「トスカーナ大公国」という小公国に成り下がった。あの輝かしい1400年代（クアトロチェント、15世紀）の歴史の表舞台から降りてゆく。老年になったミケランジェロはこの時代まで生きている。

現代の歴史家フェルナン・ブローデル（アナール学派という）は『フェリペ2世時代の地中海と地中海世界』*'La Méditerranée et le Monde méditerranéen à l'époque de Philippe II'*（ラ メディテラネ エ ル モンド メディテラネアン ア レポック ド フィリップ ドゥ）（1949年刊）でフェリペ2世がヨーロッパで最大版図を誇ったと考えた。フェリペ2世はスペイン・ハプスブルク家であり、スペイン・ブルボン家の血も入っている。それでも1588年にスペインのインヴィンシブル・アルマダ、「無敵艦隊」の大艦隊でイギリスに攻め込んだが、テムズ川で負けた。元海賊のキャプテン・ドレイクが率いるイギリスの大商人たちの船から成る艦隊に大敗した。それでも、世界権力はフェリペ2世がこのあともまだ握っていた。

コジモ1世は君主としては優れた人物で、今の「ウフィッツィ美術館」も彼が作って今に残したから、安定感のある指導者だ。しかし、あの老コジモやロレンツォのような、光り輝くフィレンツェの偉大なる指導者ではない。ただの王様だ。権謀術数で自分たちが生き残ってゆくことで精一杯だ。王様たちによる領土争いの時代が、このあとずっとヨーロッパで300年間も続いた。

レプッブリカ（共和政体）はフィレンツェで終わった。そのことを『ミケルアンヂェロ』（岩波新書）で羽仁五郎が一所懸命、悲しがっている。共和政という、人類の素晴らしい理想の時代が有ったのだと。それが潰されたのだ。そのあとは、もうヨーロッパ中が絶対王政だ。強力な軍事力を持った国王が、他国に対して優位に立つ〝冷酷な国家の時代〟になった。それでも徐々にその中に啓蒙君主（enlightened king エンライトンド・キング）が現れて、自由思想家（ヴォルテール）らから学び、王制のままネイション・ステイト、国民国家になっていった。支配される側の平民（ピープル）が、言論の自由や人権（ヒューマン・ライツ）を主張する世界史の段階に人類は入っていった。

18世紀にはイルミナティとフリーメイソンリーの形の秘密結社（ザ・シークレット・ソサエティ、the secret society）が生まれた。イルミナティ（Illuminatenorden、啓明会）の運動は1776年に神学者のアダム・ヴァイスハウプトによって、インゴルシュタット（ミュンヘンの北100キロの都市）で創始された。このイルミナティ運動は、世俗主義（セキュラリズム）であって、ヨーロッパ全体で勃興する市民階級（商人、職人、技術者、芸術家）たちの友愛（フラターニティ）の自治組織（自分たちのロッジlodgeを持った）として始まった。フリーメイソンリーは15世紀ぐらいから石工組合としてヨーロッパの都市に作られた。フリーメイソンもイルミナティもローマ・カトリック教会の平信徒（レイマン）たちの自治組織である。

しかし、僧侶（聖職者）と貴族（アリストクラット）たちが、自分たち市民階級（シチズン・クラス）をあまりに蔑み、「金儲け（金銭欲）しか考えない下賤な人間たち」として差別するものだから、次第に王侯貴族やキリスト教会に対する憎しみが高まった。フリーメイソンとイルミナティの運動は各国の政府と教会によって禁圧されても燎原の火のようにヨーロッパ全都市に秘かに組織されていった。そして遂に、彼ら市民階級（Bürgertum（ビュルガートゥーム））は、市民革命（シチズン・レヴォルーション）を起こすべく決起していった。

このイルミナティとフリーメイソンリーの思想とはモーツァルトやベートーヴェンたちの中にも育まれていく。そして、アメリカ独立革命（1775年から）やフランス革命（1789－1792）を起こした。この市民革命は、また新たな反動思想と過激主義を内包した。フランス革命も血なまぐさい人殺しと暴動の惨劇であり、王、王妃はじめ多くの貴族たちと徴税請負人たち3000人ぐらいがギロチンにかけられて死んだ。

他の貴族たちはフランスから周りの国に逃げて、エミグレ émigré（亡命生活者）として苦境と悲哀をたくさん味わった。まだ理想の片鱗をもって出現した軍人権力者のナポレオンも、すぐに「ヨーロッパ皇帝」へのなりたがり屋だったことが判明して、ベートーヴェンたちは大きく失望した。

それでもナポレオンは、本物のヨーロッパ皇帝に自分の力でなった男。たった一代だけの皇帝だ。戴冠式（1804年、パリ）ではローマ教皇から帝冠を自分の手で取ってかぶった。ナポレオンに遠慮したウィーンのハプスブルク家は、その2年後の1806年に、神聖ローマ皇帝を自ら廃した。これで神聖ローマ帝国は正式に滅んだ。このあとは、ウィーンは「オーストリア＝ハンガリー二重帝国（アウスグライヒ）」の帝都として生き残った。そして1918年にこの帝国も正式に消滅した。オーストリアは小国として残った。

1815年にナポレオンを最終的に打ち倒すためにイギリス軍に軍資金を馬車で渡しに行ったのが、マイヤー・アムシェルの息子のネイサン・マイヤー・ロスチャイルド（1777－1836）である。ロンドン家ロスチャイルド財閥の創業者だ。ウェリントン公爵が率いてスペインに密かに隠れていたイギリス軍に命がけで軍資金をネイサン・マイヤー・ロスチャイルド自身が運んでいる。それで1815年にワーテルローの戦いにイギリスが勝った。

そのあとの19世紀（1800年代）のすべてで世界を支配する大英帝国とロスチャイルド家の時代が来た。イルミナティとフリーメイソンリーの反キリスト教会、反ローマ教会の思想運動については、この本ではこれ以上言及しない。拙者『ロスチャイルド　200年の栄光と挫折』（日本文芸社、2012年6月刊。2021年に『世界覇権の大きな真実』PHP研究所として新版）とイルミナティ運動の創始者アダム・ヴァイスハウプト著『秘密結社イルミナティ入会講座〈初級編〉』（KKベストセラーズ、2013年）を読んでください。

コジモ1世のあとの大公（国王）になったのが、錬金術（アルケミー）に熱中したフランチェスコ1世（1541－1587）である。朝から晩まで研究所というか、あらゆる種類の金属を集めた工房の中にこもって自分もずっと冶金（やきん）（金属類を溶かして混ぜ合わせる工学）の職人をやった。このフランチェスコ1世の気持ちはよく分かる。真面目ないい人だったと思う。政治や国家の財政（ファイナンス）のことなど好きではなかった。ずっと工房に、愛する奥さんと立てこもって、職人たちと一緒に技術屋をやっていた。そしてフランチェスコ1世は自分の娘のマリアをフランス国王アンリ4世に嫁がせている。王妃マリー・ド・メディシスである。このマリアとアンリ4世の結婚式（1600年）のときに披露されたのが、世界で初めてのオペラだったそうだ。

その次はフェルディナンド1世（1549－1609）だ。その次は、もう1633年のガリレオ裁判の時代だ。コジモ2世とフェルディナンド2世が、ガリレオが宗教裁判で死刑にならないように庇護（ひご）している。そのあとをコジモ3世（1642－1723）が継いだ。最後はジャン・ガストーネ（1671－1737）という、いかにも知恵遅れみたいな人物で、この人でメディチ家は血筋が途絶えて終わりになる。このガストーネのお姉さんのアンナ・マリア・ルイーザという女性が、「メディチ家はこれで終わりです」と書いている。この女性は1743年に死んでいる。ガストーネは1737年に死んでいる。この頃にはもう完全に、フランスとイギリスに世界史の軸が移っている。

あとひとり、ウルビーノ公（1492－1519）というメディチ家大公がいる。ニッコロ・マキャヴェッリがこのウルビーノ・ロレンツォに、1513年に『君主論』・*Il*（イル） *Principe*（プリンチペ）を一所懸命書いて、わずか半年ぐらいで書き上げて、捧げたのだ。しかし、ウルビーノは名声がまだあったマキャヴェッリを自分の臣下として取り立てなかった。この本の

ニッコロ・マキャヴェッリ
Machiavelli, Niccolo di Bernardo dei

1469–1527. イタリアの政治学者、歴史家。フィレンツェ共和国十人委員会の書記長として(1498–1512)、共和国民兵制確立に努力した。このほかに、外交使節として神聖ローマ皇帝マクシミリアン一世の宮廷などに赴いた。メディチ家が再びフィレンツェの支配者となるや、一時逮捕されたのち引退し、《君主論 Il principe, 1532》《ローマ史論 Discorsi sopra la prima deca di Tito Livio, 1531》等を執筆した。晩年はフィレンツェ史の編集と外交上の職務とを授けられた。

彼は、政治を非宗教的実証的に考察して近代政治学の基礎を築くと共に、独自の国家観および史観に基づく歴史叙述を残した。

国家目的の達成が、支配者の任務であり、そのためには個人倫理に制約されるべきでないとする彼の政治思想は、国民国家(ネイション・ステイト)の樹立という当面の要請に基づくものであった。が、〈マキャヴェリズム〉と呼ばれ早くから激しい論争をまき起した。なお喜劇《Mandragola, 1524》はイタリア演劇史上一時期を劃した。

(『岩波西洋人名辞典』から抜粋・加筆)

内容を理解できなかったとされる。だが、ウルビーノ自身によって打ち倒されたソデリーニの共和政府の重要な高官だったのがマキャヴェッリだ。好きになれるわけがない。ウルビーノたちメディチ家がフィレンツェに復帰してきたのだ。

共和政が打ち倒されたので、マキャヴェッリは町の外(はず)れに逃げた。逮捕されたり、幽閉されたわけではなく、逃れて隠棲(いんせい)してこの本を書いた。そして自分の就職活動としてメディチ家に取り入ろうと思って書いたのが、『君主論』だ。だから、この本は根本において立派なものではない。だから私はマキャヴェッリがあまり好きでない。「政治には理想はない。民衆を恐怖で支配することが統治者の技術(テクネー)である」と書いたからだ。「政治権力は本質において悪なのだ」とマキャヴェッリは書いた。この時、人類（人間）の政治なるものの正体、本体を見抜いた、ということでマキャヴェッリは〝近代政治学の父〟になった。

「統治者は悪人であるほうが強く、そして正しい。ウルビーノ公とメディチ家が偉い」と、取り入ろうとして出来あがった身も蓋もない思想だ。私はこの『君主論』を30年ぐらい前に読んだが、そんなに素晴らしい本ではない。「現実の政治権力というものは、良いも悪いも、正しいも間違いもない」と書いた。

たしかにマキャヴェッリの書いたとおりに世界はその後の５００年間動いた。だが、これでは新プラトン主義（ルネサンス思想運動）にまで到りついた人類の理想主義（アイデアリズム）の運動がすべて否定されてしまう。冷酷な支配と秩序を肯定する、後世マキャヴェリズム Machiavellism と呼ばれる悪人統治者たちの自己肯定（居直り）の前に私たちは屈服することはできない。それでは偉大だったロレンツォの朗らかな魂が否定されてしまう。ウルビーノ公メディチはマキャヴェッリが献上した自著の『君主論』を読もうともしなかったとされる。だが自分のかつての政敵であり、当時すでにマキャヴェッリは有名な文人で、かつ実務経験を積んだ政治家だった。だから、自分に献上されたこの本を完全に無視したとも考えられない。

「政治の本質（根本）は悪だ。人間（人類）そのものが悪の性質を持つ。したがって、この悪を飼いならすことが政治だ」と書いたことで、マキャヴェッリは〝近代政治学の父〟となり「ポリティカル・サイエンス」（政治の学）という近代学問がこの時に創始された、と欧米世界では今も決められている。

マキャヴェッリはミケランジェロより6歳上だ。こういう事実を知ることが私たち日本人にとって大事だ。二人はまったくの同時代人なのだ。フィレンツェの街中で出会っているのである。マキャヴェッリはこのあとも郊外の村でずっと14年間も書き続けただけで、たいした公職に就くこともなく終わっている。もう理想の共和主義を唱えることなく、残りの人生を生きた。夢破れている。

　それに比べれば、ミケランジェロはこのあともずっとしぶとく生きている。簡単には屈服しない。自分の本心は絶対に明かさない。「なにくそ」と思いながら、ローマ教皇たちに我慢して仕えながら、生きた。このミケランジェロの不屈の生き方こそは、私は何にも増して素晴らしい生き方で、だから彼は真に偉大な人物だったと思う。それに対してマキャヴェッリの方は、出来つつあった国民国家（ネイション・ステイト）が繁栄し、存立していくためには君主（統治者）（プリンチペ）たるものは個人の倫理感や正義感などに自己規制されてはならず、非情な生き方をしなければいけない、と唱えた。

　この他にマキャヴェッリは市民軍を組織せよと説いた。市民軍（国民軍）という思想は、傭兵ではないということだ。市民は自ら兵役の義務を持つべきだ、と。これはジャン・ジャック・ルソーの「一般意思（普遍意思、ヴォロンテ・ジェネラール volonté générale）という思想につながった。市民（国民）自身が自覚的に納税し、それで国民国家を運営し、自ら兵役に就き、国民自身が国を守る、という思想をルソーが発見したのだ。だからルソーにはファシズム（ヨーロッパの伝統にあるコーポラティズム Corporatism）の臭いがある。

市民革命で王制（王様）を排除したあとは、共和政（レプッブリカ）を通り越して、さらにデモクラシーの出現を予期させる。そして、このルソーが発見したソシアル・デモクラシー（社会民主政体）そのものの中に、のちのファシズムの特徴がよく出ている。「ルソーこそはファシズムの元祖である」という説明文が、イギリスの百科事典である『エンサイクロペディア・ブリタニカ』*Encyclopedia Britanica* のファシズム fascism の項目に書かれている。

税金を直接、市民から取り立てて、それで国家を経営する、という思想をマキャヴェッリが初めて唱えた。王制（王様の時代）を廃止したあとの、次の世界のイメージをマキャヴェッリとルソーが描き出したのだ。国王と貴族たちとキリスト教会を国家体制の外側に除外し排除したあとの国家イメージである。それは、デモクラシー国であっても軍隊はいて、戦争は有って、当然、重い税金もあるということだ。デモクラシーもまた共和政治体制（レプッブリカ）がそうであったように、必ずしも理想の政治体制ではない。「デモクラシーという民衆（ポポロ、ピープル）参加型の統治機構」にすぎない。これがネイション・ステイト（国民からなる国家）の理論だ。これは非情で冷酷な思想であって、ここでは人間にとって夢の「戦争も、税金も、官僚たちも、支配抑圧もない」理想はなくなる。

だから、ルソーやマキャヴェッリがファシズムの原型だと言われるのである。王侯貴族たちによる支配が一面でもつ、いい加減とだらしなさが生み出す温厚さももはやない。人間（人類）が本来もつ柔らかさもなくなっている。それが16世紀（1500年代）からのヨーロッパ近代だ。だから、老コジモとロレンツォが持っていた忍耐というか、自分たちが支配者でありながら、自分たちは共和主義者なので、民衆を支配はしたくないのだ、と言いながら生きた。

それでも必要なルール（規則）に従った秩序（オーダー）はなければいけない。しかし、コントロール（統制）はしたくない。統制者（コントローラー）や支配者にはなりたくないと行動した。このときのメディチ家のこの15世紀（1400年代、クアトロチェント）の二人の人物（この二人だけだ）のなかに、ヨーロッパが到達した最高の輝きがあった。

やはり人類の最高の理想は、人文主義者（ウマニスタ）たちに囲まれて談笑するロレンツォの絵（41ページ参照）だ。そして、それは16世紀には敗北した。

人類は、このあとは見苦しいまでの現実の前に、世界の各地域（リージョン）で何回も何十回も何百回も敗北していった。抑圧と弾圧と戦争の脅威による支配だ。マキャヴェッリもまた内心で敗北して、惨酷な現実主義（リアリズム）政治学の発見者になった。私は『ミケルアンヂェロ』

の羽仁五郎に同感して、人類は、この500年間フィレンツェの到達点からたいして進歩、発展しなかったのではないか、という考えに立つ。1530年のフィレンツェの攻防戦での敗北と陥落の時点から、人類は前方方向に進んでいない。

私のこの書き方はなかなか理解してもらえないだろうけれども、ここが大事だ。だから、フィレンツェとメディチ家の存在が人類にとって今も重要なのだ。

第4章

フィレンツェを真ん中に据えてヨーロッパ史を見る

絵画に見るロレンツォの偉大さ

ロレンツォ・イル・マニフィコ（ロレンツォ・デ・メディチ）が、その名の通りいかに偉大であったか。そして、ロレンツォが１４９２年に死んだことによって、フィレンツェの人類史（世界史）上、偉大だった時代が終わりを告げた。そのことは当時の絵画にそれとなく描かれ、当時の人が見れば一目瞭然で分かるように表現されていた。欧米の美術評論家たちが今も決して言わないことで、恐れて書こうとしない真実がある。芸術の世界を「作品の鑑賞」としてしか見ることができないように封じ込めてしまった。

日本の美術史、文化史の評論家たちもそれに倣（なら）って、激しかったルネサンス思想運動の何たるかを理解しようとしない。理解への入り口あたりでさ迷うことしかできていない。「この作品はすばらしい。大傑作（マスターピース）だ！」の感嘆、賛嘆の言葉で終始するしか他に知恵がない。だから、日本の知識人全体がヨーロッパ（人）とは何であったのかを今も理解できない。ヨーロッパの中心はやっぱり15世紀のフィレンツェだ。

クアトロチェント（１４００年代、15世紀）のフィレンツェの絵画には、聖書に題材（モチーフ）をとった絵画にしてあるが、ひと目見れば、すぐに「あっ、この人はロレンツォだ」と分かる人物像が頻出している。

ロレンツォはあごがしゃくれて、鼻が鉤鼻の特徴的な顔をしていた。醜男であったと言っていい。パッツィ家による陰謀（コンスピラシー）によって、１４７８年に、ドゥオーモ（大聖堂）の中でロレンツォの横にいて25歳で殺された弟のジュリアーノは美男の誉れが高かった。それに対して兄の偉大なるロレンツォは、世間的には醜男と思われていた。しかし、私はロレンツォの

顔こそ、本当の男の顔だと思う。

まずは、前ページの絵を見てほしい。

これらの絵は、ウフィッツィ美術館や、ヴェッキオ宮殿二階の天井壁画に描かれているロレンツォと、彼を取り囲む人文主義者（教養人名士）たちの姿である。真ん中の絵は有名だが、上と下の絵は、日本ではあまり流布していない。次（左ページ）の絵を見てほしい。

これは、ペルジーノ（１４４６－１５２３）が、１４９５年に描いて完成したと言われる「ゲッセマネのキリスト」である。中央のキリストの顔を見てほしい。どう見ても、この顔はロレンツォである。ルネッサンス思想運動のまっただ中を激しく生きたボッティチェッリやギルランダイオ（ミケランジェロの師）とともに、ペルジーノもまた、この嵐のまっただ中で生きた。ペルジーノは、ミケランジェロよりも年齢が30歳近くも上だから、ミケランジェロにとっては先生格であったろうが、親しかったはずだ。支援者（パトロン）のロレンツォとは３歳違いの同世代である。

ペルジーノはヴァチカンのシスティナ礼拝堂の壁画装飾を担当したことでも知られ、若きラファエロの師でもあった。１４４６年生まれのペルジーノは、１４９３年からフィレンツェに住み、その頃から描き始めた絵だ。もともとはイエス信奉会のサン・ジュスト教会のた

どこからどう見ても、この顔はロレンツォの顔だ

ペルジーノ「ゲッセマネのキリスト」(1495年頃)
(フィレンツェ、ウフィッツィ美術館)

前の三人はわざと眠りこけ局外中立である。両方の人々が互いに激しく言い争っていることが分かる。左側は人文主義者(ウマニスタ)たちで、右側は槍を持った兵隊たちを中心にした保守勢力だ。ローマ教会が今にも人文主義者たちに思想弾圧を加え襲いかかろうとしている。

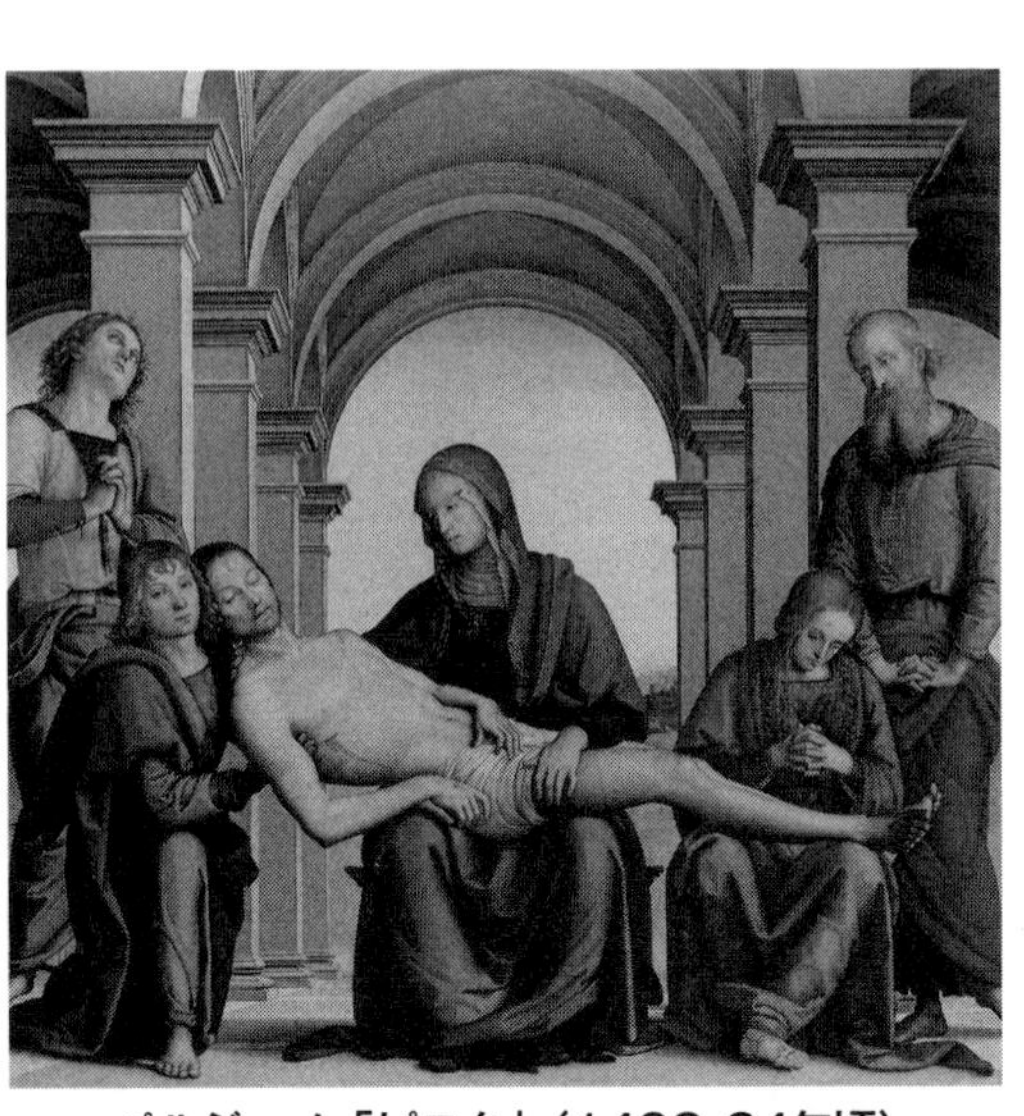
ペルジーノ「ピエタ」（1493-94年頃）
（フィレンツェ、ウフィッツィ美術館）

めに描かれた板絵である。まさしくロレンツォ・イル・マニフィコが死んですぐ1、2年後に始まった生ま生ましい政治弾圧の目撃者による作品である。

このキリストの顔は、これもまた同じペルジーノによる「ピエタ」（上の絵）の顔と同一である。こちらのほうが「ゲッセマネのキリスト」よりも早く、１４９３年頃に描かれたと言われている。「ゲッセマネのキリスト」同様、サン・ジュスト教会内の仕切り壁に掛けられていた板絵である。

私がフィレンツェで買ってきたルネサンス画家たちについての本には、ペルジーノが偉大なるロレンツォと昵懇の関係にあったと書かれている。その証拠として挙げられていたのが、パリのルーヴル美術館に所蔵されているペルジーノの「アポロンとマルシュアス」である。その絵も１９８ページに掲げる。このマルシュアスのモデルがロレンツォであると解説文にあった。しかし、本当は逆ではないか。誰が見ても明らかに、誇り高く立っているアポロンのほうがロレンツォの顔である。このアポロンの顔の鼻とあごがロレンツォにそっくりだ。ローマの大神であるアポロとアポロンは違う。大きく世界史を見る目でここで書くが、ローマ教会のイエズス会は日本でもアポロンをヒドく嫌った。それで、アポロンそっくりの織田信長を爆殺した（1582年）。

ロレンツォ・イル・マニフィコは、偉大な政治家であるとともに、美術・音楽・哲学・文学に秀でた知識人で、自ら詩作もした。イタリア人なら、小学校で必ず習うという「バッカスの歌」の一節はたいへん有名だそうだ。だから、ヨーロッパ人の知識人層の人々なら誰でもこの詩を知っていて、イタリア語で諳(そら)んじることのできる詩だ。塩野七生さんもそう書いていた。

クアンテ ベッラ ジョヴィネッツァ
Quant'è bella giovinezza,
ケ シ フッジェ トゥッタヴィア
Che si fugge tuttavia!
キ ヴォル エッセル リエート シア
Chi vuol esser lieto, sia:
ディ ドマン ノン チェ チェルテッツァ
Di doman non c'è certezza

青春とは、なんと美しいものか
とはいえ、みるまに過ぎ去ってしまう
愉しみたい者は、さあ、すぐに
たしかな明日はないのだから

（塩野七生訳）

この青春を謳歌する歌は、日本であれば、島崎藤村の「小諸旅情」か、石川啄木の「一握の砂」か、宮沢賢治の「銀河鉄道の夜」に相当するだろう。

繰り返すが、ペルジーノは１４９３年から１４９５年頃にかけて描いた絵の中に、明らかにロレンツォとそっくりのキリストを描いた。このことは、ペルジーノがロレンツォの死を、フィレンツェの輝ける共和政の時代の終わり、人類史上に冠たるフィレンツェの黄金時代の終わりとはっきりと認識していたからだと考えざるをえない。

ペルジーノ
「アポロンとマルシュアス」
（パリ、ルーヴル美術館）

このペルジーノという画家は、多く宗教画を描いた画家だが、マグダラのマリアの描き方において際立っている。ペルジーノのマグダラのマリアは美しく優雅で、そして艶っぽい。マグダラのマリアをこれほどに美しく描いた画家は他にない。ペルジーノのマグダラのマリアの絵（１９９ページの絵）は、ピッティ宮殿内の美術館で見ることができる。光輪が描かれており、明らかに聖人として扱われている。

この絵は、長い間、レオナルド・ダ・ヴィンチの作品と思われていたらしい。私の考えでは、ペルジーノが「モナリザ」の女の限りなく豊かな表情の生みの親である。ダ・ヴィンチ同様、ペルジーノは「最後の晩餐」のフレスコ画も描いている。二人はほぼ同年代の人間であった。フィレンツェのフォリーニョ修道院美術館に飾られている。

ペルジーノ「マグダラのマリア」
（フィレンツェ、ピッティ宮殿美術館）

何度でも書くが、私はダン・ブラウンの『ダ・ヴィンチ・コード』（初版は２００３年刊）で世界中に知れ渡り、満天下に晒（さら）された「マグダラのマリアはキリストの本当の奥さんだった」説を支持している。世界中の聖書学者や歴史学者たちも渋々と認めだしている。この大きな真実を、ローマ教会は不都合なものとみなし、自分たち偽善者のキリスト教僧侶たちにとって永遠に隠蔽すべきものとした。その元凶はやはりペテロであり、彼が作った原始キリスト教団である。ペテロと同じ時代にパウロというローマの上級市民の徴税役人がいた。彼もまた「改心」して別のキリスト教団を組織として作った。この両派が合

同して、今のローマ・カトリック教団の原型となった。このペテロは、イエス・キリストの12人の使徒（アポストル、弟子）のひとりのペテロでは断じてない。時間と場所が合致しない。このこともローマ・カトリック教会の創設以来の虚偽のひとつである。ローマ教会の創設者（ペテロ）は、イエスの弟子（使徒）ではない。

ローマン・カトリックの公式教義に忠実であればあるほど、マグダラのマリアは、みすぼらしく、まるで女乞食のように描かれてきた。老コジモとほぼ同じ時代を生きたドナテッロ（1386－1466）の木彫りのマグダラのマリア像は、特に有名である。右の写真がそれである。ドゥオーモ（大聖堂）附属美術館で見られる作品だ。私は実物を見た。マリア・マ

ドナテッロ（1386-1466）のマグダラのマリア
（フィレンツェ、ドゥオーモ附属美術館）

グダレーナをこのような乞食女に彫ったということは、ドナテッロという男は、ローマ教会に屈従することしか知らなかった超保守だったということだ。後世の私たちにとってよい反面教師である。

これに対して、ペルジーノが描いたマグダラのマリアの絵は実にふくよかである。先に196ページで掲げたペルジーノの「ピエタ」の中で、向かって右、キリストの足元にかがみ込んでいるのがマグダラのマリアである。まるで純真な少女である。ダ・ヴィンチの「モナ・リザ」の微笑の原型はこのペルジーノのマリアの表情だろう。

さて、もうひとつ、偉大なるロレンツォにそっくりの人物が出てくる絵画を証拠として挙げる。

フランチェスコ・グラナッチ（1469－1543）の「エジプトのファラオに父兄弟を紹介するヨゼフ」（1515年）という、旧約聖書に題材をとった作品である（203ページ）。

少しぼやけていて分かりにくいが、中央の人物がヨゼフである。ヨゼフ Joseph は旧約聖書では Jacob ヤコブの息子である。しかし、新約聖書ではイエスの父であり、マリアの夫である。貧しい大工ということにされているヨゼフもまた、ローマ教会から疎んじられる。顔をじっと見てください。私が見た現物ではもっとはっきりと確認できたが、この男の顔もまさしくロレンツォ・イル・マニフィコその人である。グラナッチは、ヨゼフにロレンツォの面影を重ねたのだ。

1515年といえば、1512年にソデリーニの共和政治が失敗し、ソデリーニは亡命し、ソデリーニの共和政で重要な役割を果たしていたマキャヴェッリがフィレンツェ郊外に隠遁し、ひたすら『君主論』や『フィレンツェ史』の執筆に没頭した時期だ。追放されていたメディチ家が再び戻ってきて、ロレンツォ・イル・マニフィコの三男のジュリアーノが、ヌムール公ジュリアーノとなって統治した時代である。実質的には、このヌムール公よりも兄の教皇レオ10世（ジョヴァンニ）が、フィレンツェの統治にも影響力をもっていた。

レオ（レオーネ）10世は偉大なるロレンツォの息子だから父親から「人類の理想」を学んで育てられたはずなのだ。それなのに、ただの俗物のごく普通の支配者になった。祀（まつ）り上げられて、愚かにも教皇にまでなってしまった。頭は良かっただろうが、ただの権力者だ。ローマ教会の幹部たちである枢機卿（カーディナル）たちは、レオ10世は体が弱いのでどうせ10年で死ぬ、と分かっていた。だから、「今はメディチ家を自分たち体制の裡（うち）側に引きずり込め」ということだったろう。レオ10世は歴代の教皇の中でも飛びぬけて浪費的で贅沢な宮廷生活を謳歌したという。有頂天になってメディチ家の財産も、フィレンツェの公共財産までもローマ教会の

さらに拡大するとこうなる。だれがどう見てもロレンツォの顔だろう。

フランチェスコ・グラナッチ(1469-1543)
「ファラオに父兄弟を紹介するヨゼフ」(1515年)
(フィレンツェ、ウフィッツィ美術館)

に女が描かれていることが決定的である。

「この人は女よ！」“Oh, it's a woman.”ソフィーは叫んだ。

「聖杯伝説とは、王家の血の伝説だ。聖杯伝説が〝キリストの血を受けた杯〞について語るとき、それが指しているのは、マグダラのマリア――イエスの聖なる血脈を宿した子宮なのだよ」(ダン・ブラウン著『ダ・ヴィンチ・コード(中)』角川文庫、151&164ページ)
小説『ダ・ヴィンチ・コード』では、中央のイエスとマグダラのマリアが作るVの形が、キリストの血を受けた聖杯(Holy Grail、ホウリー・グレイル)を表しているとする。

「最後の晩餐」（サンタ・マリア・デッレ・グラツィエ教会、ミラノ、1495年）

このV字形が聖杯で子宮だ。明らかにここ

ダ・ヴィンチはイエス・キリストの左隣に妻であるマグダラのマリアを描いた。誰が見ても女だ。当時、大騒ぎになってヨーロッパ中に噂が広まった。しかしローマ教会がこの真実を弾圧して封殺した。今もそうだ。

ために使い散らしたようだ。
レオ10世の時代に、すでにフィレンツェは共和政ではなく（このあと、最後の共和政がもう一回来る）、偉大なるロレンツォ・イル・マニフィコが統治した頃のフィレンツェとは根本から違う、元の木阿弥に戻ってしまった。そして、更にもうひとり、悪の側に引きずり込まれて教皇になったメディチ家の男がクレメンス7世である（171ページで詳述した）。この男の時代に、ローマはドイツ兵に焼き払われ、そしてフィレンツェ自治都市が陥落（1530年）したのだ。

　このような時代背景を読み込むと、ペルジーノやグラナッチは、キリストやヨゼフの顔を「偉大なるロレンツォ」の顔にすることで、強烈に真実を後世に伝えるべく必死で描き残そうとしたことが分かる。

　それは、偉大なるロレンツォ・イル・マニフィコが生きていた時代を自分たちは取り戻したいのだ、という強い意思だった。それはフィレンツェの街の天空に満ちている亡霊、怨霊たちの囁きの声となった。このことが、あれからちょうど500年後の今、東アジアのはずれからやって来た、力のない日本人知識人である私の頭に彼らの霊魂、亡霊の形となって現れた。私は石にかじりついてでもこの気づきを、日本語で書き留めて、出版して後世に残さなければならない。日本と中国を再び戦争させようという領土紛争（尖閣諸島問題。2012年9月16日）の罠が、アメリカによって仕掛けられている、この緊迫した時期に。

レオナルド・ダ・ヴィンチの偉さは人体解剖のほうにある

ミケランジェロに比べて、レオナルド・ダ・ヴィンチは何が偉大なのか。このように書くと、今も巨大ブランドである〝ダ・ヴィンチ〟と〝レオナルド〟を冒瀆したことになるか。ダ・ヴィンチという人物も大天才であるが、政治思想家としては多くを語っていない。ダ・ヴィンチは、一体、何によって、これほどの名声が今も世界中で続いているのか。ダ・ヴィンチは飛行機やヘリコプターみたいものを考案していたとか、人体解剖の細かな実習、人間の人体の細かな観察をしたりして素晴らしかった。当時からすでに名声があった。それは事実である。細かい観察力から見た、流体力学が分かっていたとか、サイエンティスト（近代学者）の走りの人だとか、「万能人」（ウオーモ・ウニヴェルサーレ）と言われる。ダ・ヴィンチはあらゆる領域について1万2000枚の素描（デッサン）を描いた。そのうちの3分の1の4000枚ぐらいが現存しているという。

ダ・ヴィンチは1495年、43歳のときに例の「最後の晩餐」をミラノのサンタ・マリア・デッレ・グラツィエ教会の祭壇画として描いた。この絵が当時、ものすごく騒がれて評判が立った。このためにダ・ヴィンチは全イタリアやドイツ、フランスでも一気にたいへんな有名人になった。なぜこれほどにダ・ヴィンチの描いた一枚の絵が絶賛されたのか。それは「最後の晩餐」に恐るべき真実をダ・ヴィンチが描いたからだ。その真実の巨大さの前にすべてのヨーロッパ人がド肝を抜かれた。

小説そして映画の『ダ・ヴィンチ・コード』（ダン・ブラウン著、2003年。映画2006年作）の「ダ・ヴィンチの暗号（コード）」とは、まさしくこの一点を指しているのだ。

ダ・ヴィンチの偉大さは、唯一、この一点にかかっている。「最後の晩餐」（次の日に、イエスは逮捕されローマ兵によって十字架に架けられて殺される）の中心にいるイエスの左側に、明らかにひとりの女性を描いたからだ。それは誰が見ても女だ。500年前の当時の人々も、この絵を見た人、全員が驚嘆した。そしてつぶやいた。“Oh, it's a woman.”「あ、この人は女よ」、「おう、この女性はマグダラのマリアだ。キリストの奥さまのマリアだ」と。すべてのヨーロッパ人がそう思った。カトリックの神父、司祭たちでもそう思った。

だが、このことは絶対に公然と口にしてはいけないことだった。誰も「マグダラのマリアだ」「ヨハネではない。マッダレーナのマリアだ」と声に出してはいけないのだ。出したら、ローマ教会に厳しく処罰される。すでに恐ろしい宗教裁判所の捜査官（目明し。政治警察）たちがあたりをウヨウヨ、ウロウロしていた。
「最後の晩餐」のイエスの左側にいる若い男は弟子（使徒）のひとりのヨハネ（Ioannes、ジョンJohn）だということに今でもしている。しかし、どう見ても女だ。この絵が描かれて500年経った今の私たちが見ても、「あっ、女だ」と思う。しかし、そのことを言ってはならないのだ。

　言うと、キリスト教に対しての不敬罪になる。なぜなら、マグダレーナのマリアMaria Magdalenaは、ローマ・カトリックの教義では、悪女であり、売春婦であり、異教徒（ペイガン）であり、キリストを誘惑して淫らな振る舞いをした罪深い女だ、ということにローマ・カトリック教会では決まっている。

　それなのに、マグダラのマリアは聖書の中ではイエスのそばに連れ添っている。聖書の中の4つの福音書のあちこちに出てくる。そして、キリストが捕まり、歩かされ、処刑され、そのまま埋葬されたその処刑地（キリストの支援者の金持ちの家の庭こそが、ゴルゴタだ。同時にここがゲッセマネだ）にマリアはひとりでやって来た。4日後に再び来た時はキリストの死体が消えてなくなっていた。すなわち復活（リサーレクション、resurrection）したことを確認した唯一の女性だ。母親のマリア（聖母）や妹のマリアは、故郷のナザレにいたはずだから、キリストの処刑を知っているはずがない。マグダラのマリアが、聖書すなわち「イエスという男の物語」の重要な登場人物なのである。

それなのにカトリック教会は、マグダラのマリアをひどい扱いにする。そのマリアが、ダ・ヴィンチの「最後の晩餐」ではキリストの左側にか細い、か弱そうな、しかし美しい女性として、はっきりと描かれている。この一点で、ダ・ヴィンチは当時、爆発的とも言える名声を勝ち得たのだ。私はこのように断言する。ローマ教会は、ダ・ヴィンチを捕らえて異端裁判にかけようとはしなかった。出来なかった。なぜなら、ダ・ヴィンチがあまりにも明確に大きな真実を描いたからだ。そしてミラノから大名士（グランドネーム）として帰って来た。

このように考えなければ、話の筋が通らない。人類のこの500年、いや2000年間の大きな隠された真実が明らかにならない。

こんな馬鹿みたいなことを、なぜ私が日本で今ごろ本に書かなければならないのか。自分でも分からない。隠された巨大な真実はいつも、太陽のように目の前で照（て）っている。しかし誰も公然とあからさまに、そのことを言う人がいない。言ったら（書いたら）カトリック教会に睨まれるからだ。欧米白人世界ではキリスト教会の力は今も強い。だから今の今でもこのことは禁忌になっている。

それはアポロ計画の「人類の月面着陸と探検」が有りもしなかったことと同じだ。これから先も出来ない。人類（宇宙飛行士）の月面への着陸（1969年から6回有ったとされる）は無かったことを、アメリカでは今も言ってはならないことになっている。このことと同じである。こういう捏造された虚偽や、フレイムアップ（でっち上げ）された政治的大事件は人類史上にたくさんある。それらの真実に普通の人間たちは近寄ってはならないことになっている。

マグダラのマリアがキリストの奥様だったのだ、と言ってはいけない。このことを500年前のダ・ヴィンチに続いて描いて（書いて）しまったのが小説『ダ・ヴィンチ・コード』だ。「ダ・ヴィンチの暗号」だ。世界中で大ヒットし映画にもなった。日本でも2006年に公開され大人気となった。本も日本だけで合計300万部くらい売れた。世界中では3000万部売れたという。それなのに、それなのに、この真実をこのあと誰も言わなくなった。日本では、最初から誰も正直に説明しない。

ダン・ブラウン著の小説（と映画）は、ダ・ヴィンチの暗号は、有名なウィトルウィウスの人体図だとされる。ダ・ヴィンチのもうひとつのコード（暗号）は、「最後の晩餐」の中のV字形が聖杯（ホウリー・グレイル）伝説の聖杯（ホウリー・グレイル）を意味する。イエス・キリストの血脈を伝えた、イエスとマグダラのマリアの子供のサラという少女の、その後の血筋がフランス王家（メロヴィング、カロリング朝）に流れている、ということだけではない。このV字形が女性の生殖器と子宮を表していて、これがダ・ヴィンチが遺した暗号（コード）だ、というだけでは済まない。

やはり、まさしく「最後の晩餐」の中に描かれたマグダラのマリアその人が暗号（コード）だ。このことが分からなければ、ヨーロッパ人、アメリカ人の知識層の人々が、なぜ、あれほどにあの小説と映画で大騒ぎしたのか、の理由が分からない。誰もその後（ご）を語らない。

このことについて驚きのニュースが配信された。この本を書き上げようとしていた2012年9月20日のことだ。

> 「キリストの発言記したパピルス片発見、「私の妻は」の記載」
> 2012年9月19日　CNN
> （http://www.cnn.co.jp/fringe/35021911.html）

米ハーバード大学の研究者が18日、イタリア・ローマで開かれた学会で、キリストの妻についての発言を記載した古いパピルス片が見つかったと発表した。

発表を行ったのはハーバード大学神学校のカレン・キング教授。パピルスの紙片は縦3・8センチ横7・6センチほどの大きさで、エジプトのキリスト教徒が使うコプト語の文字が書かれている。この中に、「キリストは彼らに向かい、『私の妻が……』と発言した」と記された一節があった。

紙片は個人の収集家が所蔵していたもので、2011年にハーバード大学に持ち込まれ、キング教授が調べていた。ニューヨーク大学の専門家に鑑定を依頼した結果、本物のパピルスであることが確認されたという。

キング教授によると、内容はキリストと弟子との対話を記録したものとみられ、2世紀半ばごろに書かれたとみられる。表裏の両面に文字が書かれており、書物の1ページだった可能性もあるという。

ただしこの紙片は、キリストが結婚していたとする説を裏付ける証拠にはならないとキング氏は指摘する。一方、キリストが未婚だったことを裏付ける証拠もないといい、キング氏は記者会見で「キリストが結婚していたかどうかは分からないという立場は、以前と変わっていない」と強調した。
聖書には、キリストの結婚について触れたくだりは存在しない。しかし結婚していたとする説は以前からあり、聖書に登場する「マグダラのマリア」が妻だったとする説は、ヒット小説『ダ・ヴィンチ・コード』(ダン・ブラウン著)でも利用された。

世の中とはこんなものだ。大きな真実ほどはっきりとさせられることなく、グズグズとそこら中に意味不明のまま放り投げられ、放置されている。

ダ・ヴィンチは名声を得た名士として故郷のフィレンツェに帰ってきた。46歳だった。このあと「モナ・リザ」を、1503年、51歳のときにフィレンツェで描き始めている。ヴェッキオ宮殿の壁面を飾った「アンギアーリの戦い」と同じ時期だ。「モナ・リザ」は、今のフィレンツェ駅の近くのサンタ・マリア・ノヴェッラ教会の回廊で描いている。

「モナ・リザ」すなわち「リザという女性」は、フィレンツェの資産家のジョコンド氏の奥様を描いたとされるが、彼女は本当はメディチ家の時の当主(ジュリアーノ・デ・メディチ)の愛人だったといわれている。

このとき50歳を越していたダ・ヴィンチはそれほど多くの絵を描いていない。彼はフィレンツェの病院（サンタ・マリア・ヌオーヴォ病院）で、30体ぐらい解剖をやっている。ミケランジェロも人体解剖をやっている。病人で死んだ人の体か、刑死した人間の体を、血を抜いたあとオリーブのオイルにつけてあったのを切り裂く。人間の器官、体の各部を取り出して、精密に観察したデッサン絵をたくさん残している。この「人間解剖をする思想」（事実を突きとめる思想）が重要であり、古代ギリシアのあと、止まっていた。それを1500年後に、ルネサンス（人間復活）の掛け声の下、人体解剖を復活した。

人体の解剖図を描くことを1500年間、キリスト教会が禁止していた。古代ギリシア時代に医学者たちは人体解剖をやって事実を見極めようとしていた。それが禁止されていた。それを打ち破って人体解剖をやった。

「北方ルネサンス」となって、このダ・ヴィンチらの行動はオランダに渡った。1600年代にはレンブラントの重要な「テュルプ博士の人体解剖」（1632年作）がある。まわりをぐるりと高台みたいに積み上げて、観察者（見物人）である貴族や金持ちたちギャラリーからお金をとって、医学者が人体解剖の様子を見せる集まりが成立した。これを近代医学の始まりと言ってもいい。

日本では、それから140年後の1771（明和8）年に、杉田玄白、前野良沢らが、刑死者の死体をオランダの解剖書と突き合わせることで人体解剖の真実を知った。3年後に『解体新書』（1774年）として出版された。

ダ・ヴィンチは人体解剖をやったりして、有名人としての特別待遇のまま1505年までフィレンツェにいて再びミラノに帰って行った。フィレンツェの政治に再びキナ臭さを敏感に感じ取ったからだ。8年ミラノにいて、そのあとローマに3年、そこでフランス王フランソワ1世に請われてフランスに行った。フランス中部のロワール渓谷のアンボワーズ城で晩年の3年間をここで生きて死んだ（67歳）。「モナ・リザ」の絵は手放さないでずっと自分の手元に置いていたので、フランス国のものになり、だから今はパリのルーヴル美術館にある。ダ・ヴィンチが死んだ1519年の前々年にルターの宗教改革が起きた。だから、後半部ルネサンスである北方ルネサンスと宗教改革はまったく同時期なのだ。

12世紀初め以来の「コムーネ」自治都市のフィレンツェは、啓蒙君主（啓蒙思想、初期人権思想を支持する王様）であったフランス国王たちといつも仲がいい。そして東地中海のイスラム教徒たちとも仲がいい。それに対して、ドイツ王で同時にスペイン王でもあったりする神聖ローマ皇帝とは仲が悪い。皇帝はローマ教皇と仲が悪いくせに、共同利益のために両者は組む。そして組んでフィレンツェなどの自治都市を挟み撃ちにした。これが大きく見た場合の1100年代から1600年代までの500年間の「イタリア戦国時代」である。

ミケランジェロたちは、だからイスラム教徒とギリシア人から多くの真実を学んだ。1500年代までは、どう考えてもイスラム教世界のほうが、天文学・数学・文学・化学・医学などで優っていたようである。ヨーロッパが近代学問（サイエンス）で急激に進歩して、世界を圧倒的な力で席巻したのは1600年代（17世紀）からである。

ニーチェとは何を体現した人か

イエス・キリスト本人の魂を最もないがしろにして、抑えつけて、地中に押し隠したのはローマ教会である。そうすると、再度フリードリヒ・ニーチェ（1844－1900）というドイツの大思想家の話につながる。

ニーチェこそは、これらの大きな真実、すなわち「ヨーロッパの秘密」を知っていた思想家だ。彼が生きた十九世紀後半に全身、全力でこの真実を暴き立てた。

ニーチェは革命家カール・マルクスのことを嫌っている。ニーチェは社会主義者たちを大嫌いだった。社会主義もキリスト教と同じで、貧困者や社会的弱者を賞賛する弱者救済の思想だからだ。
ニーチェは『ツァラトゥストラはかく語りき』（1885年、40歳の時）を書いた。ツァラトゥストラとはゾロアスター教の教祖であるザラトゥストラ（ゾロアスター）だ。ゾロアスター教の主神はアフラ・マズダである。この宗教は拝火教とも言われる。このゾロアスターが生きていたのは紀元前8世紀ぐらいだ（紀元前10世紀とする説もある）。ペルシャ高原で起こったこのゾロアスター教こそは、おそらく人類のすべてのあらゆる宗教の出発点、源流である最高度の素晴らしい宗教だ。だからニーチェはゾロアスター（ツァラトゥストラ）という偉大な宗教者の言動を描きだすことで、ローマン・カソリック教会という、悪魔の集団と闘った。彼は50年間の思想家生活を通して徹底的にキリスト教会を糾弾し続けたのである。

19世紀の当時のドイツでもなお、ローマ教会がヨーロッパ世界全体を宗教的権威として支配していた。このことを語らなければ、ニーチェ研究など何の意味もない。このこと抜きで、ニーチェの思想を分かったフリをしてはいけない。ニーチェがなぜ『悲劇の誕生』（1872年、28歳）を処女作として書いたのか。彼はギリシャ古典（クラシックス）の研究者であり、ヨーロッパ人にとってのギリシャ的なものの素晴らしさを賛美した。

ニーチェが『アンチクリスト』（1895年、51歳）や『権力への意志』（1906年、死後）

という本の中で、称賛しているのが、1215年に神聖ローマ皇帝になった、フリードリヒ2世（1194−1250）である。ちっとも目立たない、意図的に低い評価の皇帝だ。

フリードリヒ2世はグレゴリウス9世というローマ皇帝に、第6回の十字軍（1228−1229）に行けと命令された。フリードリヒ2世は行きたくなかった。が、いやいやながら行った。行って、何をしたか。彼はいまのイスラム教、アラブ人たちの世界に攻め込んでいくかと思いきや、なんと、攻め込まずに、話し合いをした。平和的に交渉をした。そして、アイユーブ朝のアル・カーミルというスルタン（皇帝）と話し合いをして、自ら進んでパレスチナに行って、エルサレムで温かく迎えられて、なんと平和的に「エルサレム王」になった（1229年3月18日）。

フリードリヒ2世ははっきりと、「イスラム教のほうがキリスト教（ローマ教会）よりも優れた思想である」と言っている。彼は、「キリスト教徒もイスラム教徒も、どちらも巡礼者が聖地エルサレムに平和に安全にお参りできるように協力しあおう」とイスラム勢力と外交条約を作って合意しあっている。このことを伝え知ったローマ教皇が激しく怒って憎んだ。イスラム教という異教の者たちを皆殺しにするために十字軍はあるのだ、と公然と殺戮の理論を展開した。それで、次の第7回と第8回（最後）の十字軍を命じられたフランス王ルイ

10世は、イスラム教徒と戦って戦死した（1270年）。それで聖ルイ（サン）という称号をローマ教皇からもらったのである。

誰がずばぬけて賢い人間であるか、冷静に考えれば分かることだ。フリードリヒ2世は神聖ローマ皇帝なのにドイツに帰らなかった。そして、いまのイタリアのナポリから南に行った、カプリ島（青の洞窟がある）のそばの、アマルフィーの近くのアグロポリの岬に王宮をつくり、そこで死んだ。恐るべき博識、博学の人物で、ヨーロッパの真の知性を備えていた皇帝である。しかし、当然のことながら、ローマ教会からはものすごく嫌われた。当然と言えば当然である。フリードリヒ2世は、ローマン・カソリックが巨大な偽善の集団であるということを見抜いていたということである。だからニーチェが彼を賞賛したのだ。

……教会は、ドイツ皇帝をその背徳のゆえに破門した。フリードリヒ2世という偉大な人物が、神聖ローマ皇帝として当然持っている権限に対して、カトリックの坊主たちが勝手に口をはさんでもよいと考えたからだ。ドン・ファンのごとき（天真爛漫で天衣無縫の）人物であれば地獄に落とされる。が、それはドン・ファンであるならば、きわめて無邪気であるからだ。（ローマ教会が主張する）天国には、興味深い人間などひとりもいない。ということに、（読者諸氏は）お気づきだろう。…（中略）…教会こそがすべての「偉大な人間たち」を地獄に落としたのだ。このことに疑問の余地はない。――ローマ教会はすべての「人間の偉大さ」を否定するために戦った。

（ニーチェ『権力への意志（下）』原佑訳、ちくま学芸文庫、三九三頁、訳文を一部読みやすくした）

私は、普通の日本人であり、宗教（信仰）を何ももたないから、ローマン・カソリックに対する個人的な憎しみはない。今の私たち日本人は仏教徒（ブディスト）であるかすら分からない。この私たち日本人が、キリスト教という大宗教のことにあれこれ口をはさんでもどうにもならない。だが、しかし、私たちは学校教育（公教育）で、ヨーロッパ近代なるものやデモクラシー（代議制民主政）やら自由主義（リベラリズム）やらサイエンス（ヨーロッパ近代学問と訳すべきだ）などの大きな制度思想を教えられて生きてきた。だから私たちにとって、ヨーロッパとは何であるか、そこに隠されている秘密は何かは、必ず解き明かさなければいけないのである。

諸人権（ヒューマン・ライツ）の尊重やヒューマニズム、デモクラシー、合法制度、法律を守ること、人間的な優しさ、そういうことばかりを私たちは習った。けれども、そのヨーロッパ自身が実は巨大な悪と偽善によって支配され続けているのだというこの大きな秘密を、私たち日本人はどうしても謎解きしなければいけない。私はこの本でそれをやった。

11・17世紀のフィレンツェで何が起こったのか

ニーチェは、イエス・キリストという人物そのものはそれほど嫌っていない。ニーチェが憎んだのは、ローマン・カソリックによるヨーロッパ世界の制圧、思想的洗脳である。このローマ教会の支配が人類にとってどれぐらい悪いものであるかということを、ニーチェは一生涯をかけて暴き立て続けた。そういう大思想家なのである。この一点に私は絞り込んでいく。だからこそ、イタリアのフィレンツェ（フローレンス）の都市研究が大事なのだ。

中世のヨーロッパで最大の都市はフィレンツェ（その周辺をトスカーナ地方という）であったろう。海の都市であるヴェネチアやジェノバよりも、内陸都市のフィレンツェのほうが格が上だ。日本で言えば、やはり古都・京都のような町である。200キロ南のローマにはローマ教会の総本山がある。経済と金融の中心地としてはフィレンツェが11世紀から17世紀までの600年間、ヨーロッパ最大である。

このフィレンツェの有力商人の家として10世紀から成長を遂げたのがメディチ家である。メディチ家はずっと平民（ポポロ）だったのだが、１５４０年代から国王（トスカーナ地方全体の大公）になった。メディチ家は、家紋から分かるように6つの丸薬が紋章である。メディチ家は商人の家であるから、貴族ではなかった。薬屋ということは麻薬も扱っていた。麻薬は鎮痛剤麻酔薬でもあるから医療にも関係していた一族である。そして、武器、弾薬も生産して販売した一族である。弾薬、火薬と、銅、鉛、亜鉛などの鉱物資源も鉱山開発し、その物流・販売も握った。すなわち、戦争に大きく関わっている。十字軍が１０９６年から始まって以来、戦争用の物資輸送でもボロ儲けをした。このような医療・軍需産業の大商人たちの役割からもヨーロッパを見なければいけない。

メディチ家の紋章

　塩野七生さんのヴェネチアの研究書である『海の都の物語』が、日本で１９８０年代にたいへんな評判になった。しかし、アドリア海の一番奥にあるヴェネチア（ベニス）が海運業で栄えた大都市であると言っても、自治都市の格から言ってフイレンツェには敵わなかったと私は思う。なぜ、日本に偉大なる都市フィレンツェを真っ正面から研究して読書人たちを興奮させる出版文化が起きないのか。ヴェネチアよりもフィレンツェのほうがものすごいに決まっているのに。塩野ヴェネチアのあとに、なぜフィレンツェ人気が巻き興らないのか、不思議だ。

ただし、ヴェネチアはドゥカートという金貨を握っていて、ヴェネチアで作られた（鋳造された）ドゥカート金貨が、ヨーロッパ全体で使われていたようだ。だから、たしかにヴェネチア金貨がヨーロッパ全体の貨幣（金貨）の質と量を保証したということは言える。ドイツでもダッカート金貨がそのまま使われた。モーツァルトたちでさえ、それを十分の一にした単位のドゥカーテン……を使っている。当時のドイツには2種類の金貨がある。「ダッカート金貨」はやはりヴェネチア金貨であろう。『モーツァルトの手紙』から引用する。

> 最愛の同志よ！
> あなたの真の友情と同志愛のおかげで、私はこんなにも大胆になって、さらにあなたの絶大なご好意におすがりする次第です。あなたにはまだ8ドゥカーテンの借りがあります。今のところそれをお返しすることもできませんのに……

（「プーホベルク氏（在ウィーン）へ、ヴィーン、1788年6月」）
（『モーツァルトの手紙』柴田治三郎編訳、岩波書店、1980年から）

このモーツァルトの手紙文で、彼がフリーメイソンリーの会員であったことが分かる。そして会員どうしは互いを同志（Ordensbruder、〈結社〉の〈兄弟〉）と呼び合っていたことが分かる。ウィーンに住むモーツァルトが〝同志〟のプーホベルク氏に8ドゥカーテンを借金している事実が分かる。

すでに12〜13世紀に北イタリアのロンバルディア平原に住み着いていたユダヤ人たちが金貸業、両替商をやっていた。ユダヤ人はローマ帝国内の諸都市に、商人や金貸業者として、歴史に現れている。ロンバルディア平原の名は、ゲルマン民族のロンバルド族（ランゴバルド族）に由来する。このユダヤ人たちがやがてロンドンに移動する。移り住んだロンドンにロンバード・ストリートがあって、「ロンバード金利」という金融秩序をつくる。そうやって1800年代からは大英帝国の時代になる。しかし、その前まではダッカートがヨーロッパの貨幣の基準であった。ここでは、ヨーロッパの国王たちが金貨を作ったわけではないという事実が大事である。王様（国王）たちは、実は大商人からいつもお金を借りていた。戦争をするためのお金。あとは、宮廷の従者たちや兵隊、軍隊に給金（サラリー）を出す。そのために財政（ファイナンス。ファイナンスとは「王の蔵」という意味）はいつも火の車だった。だから、お金をいつも大商人たちから借りていた。

日本の江戸時代の幕府や各藩が江戸、大坂（おおざか）の大商人たちから借金していたのと同じだ。ヨーロッパの王様たちは大商人から資金を借りた時に、国王の印のある借用証書を相手に差し出している。この国王の借金証書が、やがて国債（ナショナル・ボンド）になっていったのである。ボンド（債券）と呼ばれるものはこういう由来である。

王様たちは、決まって必ずこの大借金を返せなくなり、ひどい赤字財政になった。たくさんの兵隊と従者たちを雇い、それから自分たち自身の贅沢な暮らしを賄うためにどんどん借金証書を振り出して大商人から借りる。神聖ローマ皇帝（ドイツ王）はフッガー家から借りた。各国の王たちはメディチ家などの、フィレンツェやヴェネチアの大商人から借りた。この慣行は、15世紀のメディチ家と同じ時期に、別個に発達したイルミナティやフリーメイソンの為替ネットワークとも競合した。16世紀ぐらいから、イタリアの諸都市よりも北ドイツやオランダが繁栄するようになり、「宮廷ユダヤ人」（Court Jews、コート・ジューズ）たちが出現した。宮廷ユダヤ人たちも、やはり王様たちに借金証書を書かせて資金を融通した。その代表がフランクフルトのロスチャイルド家だ。

17世紀まではメディチ家と、他のフィレンツェの有力な十家族ぐらいが、フランス国王やドイツ諸侯たちにもお金を貸している。つまりメディチ家は銀行業もやっている。ローマ法王（ヴァチカン）にも貸すということまでしている。ここでローマ教会とメディチ家の腐れ縁も生まれた。利息をつけてきちんと返してもらえるかどうかは厳しい問題である。

フィレンツェの町全体が、11世紀からの十字軍の軍資金を借主の王たちから返してもらえなくて、破産したことが何回かある。信用恐慌である。お金というのは、返ってこないと大変なことになって、貸したほうがボロボロに損をする。これが、いま世界中で銀行業界と各国政府の金融・財政問題の厳しい現実になっている。

王侯貴族たちが贅沢をして大盤振る舞いをすることで、それが下の方までボロボロこぼれ落ちていって（トリックルダウン〈しずく垂れ〉理論という）たくさんのお金が社会の中をグルグル回って、それで経済が発展する。これが経済法則（エコノミック・ロー）と呼ばれるものだ。しかし、このお金の動きが逆回転、リワインドすると、恐ろしいことになる。信用の連鎖が各所で断ち切られる。それが不況、そして恐慌になる。これを人類の歴史は70年から80年の周期で必ず繰り返している。これを「景気巡環の理論（エコノミック・サイクル仮説）」と言う。「コンドラチエフの波」とも言う。

19世紀に入るとヨーロッパには、1880年代まで必ず10年に1度の恐慌が襲うという法則があった。これをカール・マルクスが発見したのである。「ジュグラーの波」とシュンペーターが命名した。景気の良いときと悪いときが必ず循環する。そこに政治抗争と戦争が加わる。都市が丸ごと燃えるような戦争も80年に1度ぐらいの割りで周期的に引き起こされる。

ウィーンに都を置く神聖ローマ帝国は、皇帝の座を14世紀からハプスブルク家が世襲で継ぐようになった。

ドイツには各地に「7選帝侯（せんていこう）」といって、7人の「選帝侯」がいるというのを私たちは知っている。ところがその意味を分かっていない。選帝侯というのは「7人から成る選挙管理委員会」のことである。日本人は選帝侯のことを選挙で選ばれる皇帝だと誤解している。そうではなくて、ひとりの皇帝を選ぶためにドイツ諸侯と大司教の合計7人で選挙管理委員会を作っている。7人が、次の皇帝は誰だと決める。

フランス国王も「はい、はい」と手だけは挙げた。しかしいつも落とされて、神聖ローマ皇帝には、必ずハプスブルク家の人間がなるようになってしまった。その前のホーエンシュタウフェン家の最後の皇帝が、前述したフリードリヒ2世で、その息子はすぐに死んだので、このあとはほぼずっとハプスブルク家が皇帝である。

最後の皇帝はフランツ・ヨーゼフ1世（1830－1916）である。このハプスブルク家に〝悲劇の后妃〟エリザベート（1837－1898）が嫁いで来て夫婦仲は良かった。しかし皇帝の一族は1890年代くらいから次々に暗殺されている。夫のフランツ・ヨーゼフ1世は我慢強い人間だった。彼の死とともにヨーロッパ唯一の帝国は消滅した（1916年）。

第5章

イタリアが分からないとヨーロッパが分からない

2012年現在のイタリアに迫る金融恐慌

以下は、私がフィレンツェを訪ねた2012年6月13日の、私の旅行日記である。

フィレンツェに来ている。前日、ローマで旅行ガイドの美人の女性、ガブリエッラ・カタパーネさんからいろいろ聞いた。

マリオ・モンティという学者が新しいイタリアの首相になった。2011年の11月のことだ。首相を含めて14人の閣僚がすべて国会議員でないという異常な事態がこのときからイタリアに出現した。そのことに対してイタリア人はどう考えているか。イタリア国民は、「自分たちはこれまで税金をあまり払ってこなかった」と思っている。そして、国の借金がものすごいので、今にも国家が破綻（政府のデフォルト。対外的な支払いの不能）になるのではないか、と今の事態をイタリア国民は青ざめながら受け容れている。したがって、これからの2年間は、大増税を覚悟する雰囲気になっている。どうもスペインでも同じである。

イタリア国民は、金融制度と財政が破綻しているギリシアに対して同情的である。ギリシアの国家破産（デフォルト）の事態が、自分たちにも押し寄せてくることを危惧し警戒している。やはり、ギリシアとイタリアは歴史的に深いつながりをもっている。だから、共感している面が非常に多い。

ギリシア語とイタリア語（ラテン語）は文字は見るからに違う。しかし話しコトバとしてはかなり似ているようだ。同じラテン系のスペインに対しても同情的である。しかし、ドイツに対する反感が強まっているようだ。ドイツ人はよく働いて、優れた重化学工業（ヘビー・ケミカル・インダストリー）の力でヨーロッパ全体に工業製品を輸出している。それがイタリアやスペインなどの旧ラテン系の諸国に対して、経済的な支配という形で押し寄せている。ドイツ製の自動車や電気製品がヨーロッパEU27カ国を席巻している。それに対する反発がEU内部に起きている。

スペインの不動産（住宅）バブルの崩壊が特にすごかったようだ。私は今回スペインへは行けなかったので目撃調査（ファーストハンド）をしていない。スペインは失業率がひどく高くなっており、若者だけの失業率は50％を超した。大学を卒業した連中も、労働者階級も、失業がいまからさらに増えそうである。

その一方で、ヨーロッパは、近代（モダン）に入って500年という長い蓄積をもっている。だから、この事態に対して極めて静かに対応している。国民が騒ぐという事態は表立って見られない。外国人、あるいはどうせ表面しか見ることができない観光客の目から見ると、平穏そのものにイタリア人の生活は続いている。労働者の大きな組合のストライキなども、ほとんど見られない。沈滞したムードの中で、国民は将来に怯える状態が続いている。

テレビ・コメディアンのベッペ・グリッロ（1948－　）という人物が、「5つ星運動」という政党を作って今のイタリアで影響力をもっている。このコメディアンが、いまのイタリア金融危機への緊急の対応であるマリオ・モンティ政権を激しく批判した。「モンティ体制はファシズムだ」と。ベッペ・グリッロは政党を組織したが、自分は政治家（国会議員）にならない。マリオ・モンティ首相は、選挙でなく、大統領勅令で選ばれて、アメリカの後押しで急に首相として登場した裏のある人物だ。

ベッペ・グリッロ（1948－　）

このことを非難する発言を、ベッペはテレビで繰り返した。それでテレビに出られなくなった。国民の選挙で選ばれた政府ではない、金融・経済問題の専門家たちが国を治めるという異常な形になってしまっている。これはデモクラシーではないということで、ベッペ・グリッロらの抗議が起きているようである。ベッペたちはインターネットで自分たちの言論の輪を広げている。やがて一つの政治勢力にイタリアでなっていくであろう。しかし、こんなものではあまりに無力である。今の日本の私たちとまったく同じである。

イタリアの金融の仕組みはよく整備されているようである。イタリアで各種の金融市場がどこまで発達しているのかまでは分からない。古代ローマ帝国以来二千年の伝統を引きずっている古色蒼然の重さみたいなものがあるだろう。これからかなりキツい金融恐慌がヨーロッパ全体に襲いかかってゆくだろう。

以上が2012年6月時点でのイタリアの金融・経済への私のメモ書きだ。

爛熟の文化的絶頂期にフィレンツェに現れたサヴォナローラ

15世紀にヨーロッパ一の煌びやかな都市であったフィレンツェには、当然、ものごとの反面として金銭的な腐敗と性風俗の乱れがあった。性道徳の乱れに対して、1303年にサンタ・マリア・ノヴェッラ教会のパルピット（説教壇）からジョルダーノ・ダ・リヴァルト

（1260－1311）という修道士が演説した。フィレンツェにはびこっている道徳の欠如を激しく弾劾した。夫婦間の不貞と、男色などの同性愛などが爛熟していた。

14世紀にこういう状態だったということはフィレンツェに世界中の富が集まることで、ものすごい高度成長経済が生まれていたことを示している。快楽を追求する社会は、文化が爛熟するので秩序を失う。それを反省する動きが一方で出てくる。しかし、経済繁栄（超バブル経済）とともに売春宿や居酒屋は必然的にはびこる。抑圧されながらも売春婦たちは特殊な洋服を着て、顔を覆って、身に鈴を「チリンチリン」とつけることが義務づけられたまま活動する。彼女たちはゲットーの一画に住まわされた。ゲットーの外へ出てはいけない。ルールを犯すと焼き鏝を押された。

日本の江戸時代の吉原遊郭と同じだろう。女たちは売り買いされていたのだ。しかし、14世紀（1300年代）に入るとフィレンツェでは売春に対する寛容な雰囲気が定着した。15世紀には、市の当局はさらに性風俗を「人間の自然な欲望」として寛容に受け容れる雰囲気になった。

しかし、それでも社会にはルールがなければいけないので、公衆道徳を守るために、1403年にオネスタ（正直職）という役所をつくっている。レプッブリカ広場の辺りに公営の売春宿まで建設した。そこからサン・ロレンツォ、ウフィッツィ、オーニサンティ地区にまで、ずーっと居酒屋、店舗、売春宿街が出来上がった。こういう雰囲気のなかで、フィレンツェの自由都市があったのだ。羽仁五郎の『ミケルアンヂェロ』は高踏左翼文化だから、民衆の本来の猥雑さを黙して語らない。

不幸な結婚をした女たち（すなわち、売春婦に身を落とした女たち）が、サンタ・マリア・マッダレーナ修道院や、改心者たちのサンタ・エリザベッタ修道院などに収容された。しかし、実際にはこれらも半分牢獄のような福祉施設だったらしい。

こういうフィレンツェの自由な雰囲気のなかで、偉大なるロレンツォによる政治があった。ロレンツォの偉大さは、何と言っても寛容さだ。広い心だ。自分たちメディチ家は独裁者であると悪口を言われ続けた。その批判を受け容れて批判者たちの言論の自由を認めた。メディチ家は絶対、貴族にはならないし、統治者としてもワガママな行動を取らなかった。このことが素晴らしいのだ。それでも政治の

ジョルダーノ・ブルーノ（1548-1600）
ローマ教会によって火炙りの刑にされた。ヨーロッパ各国を転々とした偉い人物だった。

世界には必ず派閥抗争と権力闘争がある。

ローマでたまたま私が行き当たった小さな広場が、ジョルダーノ・ブルーノが火炙りの刑にされた広場だった。彼が殺されたのは、ロレンツォやミケランジェロよりも百年後のちょうど１６００年だ。彼も、都市の腐敗と道徳の乱れなどを糾弾する演説をした修道士として歴史に残っている。「地動説」を主張して最後まで屈服しなかった。彼は、ニコラウス・クザーヌス（１４０１－１４６４）という「懐疑する精神」を説きながら体制保守の立場を貫いて、ローマ教会内で高い地位にあった悪賢い男の思想の後継者とされる。

ジョルダーノ・ブルーノは、「真理に到達するための神学」を追究し続けただけだったのに、異端審問所の捜査員にずっと追跡された。ブルーノの評判を聞きつけた全ヨーロッパの王様たちに次々に招かれてご進講（謁見）をしては、さらに次の国に逃亡するという、まさしく逃亡者（フュージティブ）の生き方をした。最後は、ローマに戻って来たところを逮捕され、異端審問にかけられて地動説を捨てなかったという理由だけで火炙りの刑にされた（52歳）。

さすがにローマ教会としても彼を名誉回復させねばまずいということで、30年前のヨハネ・パウロ2世の時に、ローマ教会自身が反省したとして、彼を火刑にしたこのカンポ・デ・フィオーリ広場に彼の銅像を立てたのだ。それでも黒いフードをかぶったままの伏し目がちの、暗い感じの黒い像だ。ということは、ローマ教会への抵抗者に対する教会側からの反感が今もよく示されている。

「アンチ（反）・キリスト」問題

67ページで前述したマルティン・ルターのことで捕捉する。ルターを救い出して助け続けたのはフリードリヒ賢明侯（1463－1525、der Weise「賢い王様」という意味）という人物である。フリードリヒ賢明侯はザクセン選帝侯（ヴェッティン家）である。この「ザクセン王」であるフリードリヒは、皇帝（神聖ローマの）になろうと思えばなれたほどの人物であった。いや、ハプスブルク家でないから、やっぱりなれなかったか。

フリードリヒ賢明侯
（1463-1525）

このフリードリヒ賢明侯が、ルターが、ザクセン地方にあるヴィッテンベルクの大修道院（初期の大学でもある）で反カトリック教会の〝狼煙〟を上げたのを受けとめてルターを守った。

彼はルターを1521年からずっと最後まで自分の居城であるヴィッテンベルク城に匿（かくま）った。そして、自由に研究を続けさせた。ローマ教会は「ルターを絶対に許さん。破門（エクスコミュニケーション）だけでは済まさない。火刑に処してやる」と怒り狂って、異端審問所＝宗教裁判所の捕吏（ほり）の追っ手を差し向けて、捕まえようとやっきになっていた。それをフリードリヒが阻止した。

だから、このドイツのザクセン（サクソン）王がものすごく偉いのだ。彼は思慮深く、知恵に富んだ、じっくりと我慢できる人物だった。この点で、偉大なるロレンツォや皇帝フリードリヒ2世と同じく、偉大な人物である。こういう人は何でも分かっている。人類の大きな歴史の流れが見えている。細かい小さなことにはこだわらない。その時、その時の王様同士の啀（いが）み合いや意地の張りあい、領土の取りっこのようなつまらないことでは動かない。

ルターは、このザクセン選帝侯国内にあったアイスレーベンという町の出身で、父の代は農民だった。頭がよいから神学校に入り、29歳で神学者となりヴィッテンベルク Wittenberg 大学の神学教授になった。

ルターは34歳の時、1517年に95ヶ条の命題（テーゼ）を掲げて宗教反乱を起こす。ルターは宣言

ローマ教会こそは「アンチ(反)・キリストだ」と宣言したウェストミンスター信仰告白(1646年)

「ウェストミンスター信仰告白」は、1643年から1649年の間、ロンドンのウェストミンスター寺院で開かれた神学者たちの会議で生まれた。この会議で、カルヴァン主義に基づくイギリス国教会の作り直しが決まった。同時にスコットランドの長老派(プレズビテリアン)とも連携した。

ウェストミンスター信仰告白は1646年に提出され、まずスコットランド教会が1647年に宣言した。イギリス議会で審議し、1648年に採決された。この信仰告白で、イギリス人たちはローマ教会を「反キリスト」であると敵対宣言した。

第25章　教会について

⑴　公同または普遍の教会は、見えない教会であり、そのかしらなるキリストのもとに、過去・現在・未来を通じてひとつに集められる選民の全員から成る。それは、すべてのものをすべてのもののうちに満たしているかたの配偶者、からだ、また満ちみちているものである。

⑵　見える教会は、(律法のもとにあった先の日のように、ひとつの民族に限られないで)聖日のもとでは、やはり公同または普遍の教会であり、全世界にわたって、真の宗教を告白するすべての者と、その子らとから成る。それは、主イエス・キリストのみ国、神の家または家族であり、そのそとには救いの通例の可能性はない。

⑶　キリストは、世の終りまで、この世にある聖徒らを集めまた全うするために、この公同の見える教会に、教役者とみ言葉と諸規定とを与えられ、また約束に従って、ご自身の臨在とみたまとによって、それらをその目的のために効果あるものとされる。

⑷　公同教会は、時によってよく見え、時によってあまり見えないことがあった。またその肢体である個々の教会は、そこで福音の教理が教えられ奉じられ、諸規定が執行され、公的礼拝が行なわれている純粋さに従って、その純粋さに相違がある。

⑸　世にある最も純粋な教会も、混入物と誤りとをまぬがれない。そしてある教会は、キリストの教会ではなく、サタンの会堂になるほどに堕落した。それにもかかわらず、地上には、み旨に従って神を礼拝する教会が、いつでも存在する。

⑹　**主イエス・キリストのほかに、教会のかしらはない。どのような意味ででもローマ教皇は教会のかしらではない。その反対に彼こそは教会においてキリストとすべて神と呼ばれるものとに反抗して自分を高くするところの、かの非キリスト、不法の者、滅びの子である。**

(出典:日本基督改革派教会大会出版委員会『ウェストミンスター信仰基準』新教出版社、2009)

した。「私は人々を許す新しい福音(グッド・ニューズ)を発見した。これまでのローマ教会の、ただひたすらヨーロッパ民衆と市民たちをイジメるだけの、人々を（死んだあとでもまだ）赦(ゆる)さない贖罪(しょくざい)ばかりを説く福音を押しつけるローマ・カトリック教会を否定する」と宣言した。このとき火の手をあげたルターよりも、もっと前の時代にも多くの抗議者たちはいた。しかしすべて捕まって宗教裁判にかけられ拷問されて殺されたのだ。ローマ教会というのは、本当にそういうヒドいことをずっとしてきた。

だから、今のヨーロッパ人の多くは教会に行かない。カトリック教会が嫌いなのだ。だが彼ら今のヨーロッパ白人たちであっても、左翼（即ち無神論者(エイシイスト)）たちであってさえもローマ・カトリック教会の権威だけは恐いようである。公然と教会をののしる者は今のヨーロッパにあまりいない。それぐらいローマ・カトリック教会の支配の伝統は強いものなのだ。

それは私たち日本人が、日常、天皇陛下に対して多くを語らないし、「天皇制打倒」などとは普通の場所では誰も言わないし、考えもしないことと同じだ。めっきり数が減った左翼、社会主義者たちでも、天皇（即ち、ヨーロッパならローマ教皇）の否定や打倒を言わないのとほぼ同じことだろう。

だが、宗教改革運動から１００年も経つと、ルター派を含めたプロテスタント諸派のほうも、やっぱり体制化した。つまらない、ただのキリスト教団体になってしまった。カトリックが発明した「10分の1税」（tithe ティス、タイズ。毎月、収入の10パーセントを〝天引き〟で教会に差し出すしくみ）を、今では自分たちもまったく同じように踏襲して実行している。いくら聖職者（クラージマン）たちがゴハンを食べるための必要とはいえ、キリスト教会全体のこのような制度的腐敗は、世界中の他の地域（リージョン）の宗教と同じく今も続いている。

　宗教（信仰）の自由が保障されているから、人が何を信じようがその人の勝手だ、が、人類史における巨大宗教団体の悪については、やはり大きな事実を掘り起こして並べ立てて、いまからでも公然と問題提起しなければいけない。私は、ローマ教会から、異端者（ヘレシー）だ、悪魔（ディアボロ）だ、背教者（アポスタータ）だと呼ばれて殺されていった者たちの側に立つ。彼らの亡霊と怨霊（おんりょう）が今もこの地上をさ迷っている。本当はローマ教会のほうが悪魔であり、「アンチ・キリスト」なのだ。「アンチ（反）・キリスト」問題は重要だ。こうしてニーチェの『アンチ・クリスト』（1895年刊）につながる。

塩野七生問題

この辺りで、私はどうしても「塩野七生問題」を書きたくなった。この本を急いで粗く、たった2週間で書き上げなければならなくなった2012年8月末に、担当編集者が塩野七生著『ルネサンスとは何であったのか』（新潮文庫2008年刊、単行本初版2003年）を私に渡した。「参考にして下さい」と言いながら。この他に『ルネサンスと地中海』（樺山紘一著、中公文庫「世界の歴史・巻16」1996年刊）もやっぱり読むべきと考えた。樺山紘一はヨーロッパ中世史の偉い学者で、ルネサンスの専門家だ。だがこの二人でさえ、ルネサンスのことを、300年間ぐらい続いた文芸・芸術・美術運動だと考えている。フィレンツェでくりひろげられた1439年から60年間の、新プラトン主義（ネオプラトニズム）の人文主義者（ウマニスタ）たちの激しい思想運動のことそのものだったのだ、という自覚が半分ない。だから私はこの二人を批判する。

塩野七生の本を私の周りの友人たちが20年ぐらい前によく読んでいた。塩野の『ローマ人の物語』（全15巻）と『海の都の物語（ヴェネチア論）』（全6巻）を次々と買っては楽しそうに読んでいた。それなりに立派な読書人たちである（しかし知識人にはなれない）。

　この塩野七生の『ルネサンスとは何であったのか』を急いで読んで、私はかなり勉強になった。偉大なるフリードリヒ2世（1194－1250）のことが、本の頭のほうで詳しく説明されていて感動した。ルネサンスは、実はこの抜群におもしろいドイツ王（それなのにずっとナポリあたりで生まれて育った。神聖ローマ皇帝になった）と、「アッシジの聖フランチェスコ」の二人から始まったのだ、という塩野理解を書いている。聖フランチェスコ（の偉さと限界）についてはこの本では触れない。

　塩野七生が、フリードリヒ2世をおおいに褒（ほ）めている理由が私には分かる。本当に偉大な人物（万能人、Homo Universus（ホモ ウニウェルスス））だったと思う。彼は、ヨーロッパ皇帝でありながら、イスラム教徒（アラブ世界、オスマントルコ側）と理解し合い、共感し合い、13世紀の当時の最高度の思想と学問の水準を持っていたイスラム世界を尊敬した。このフリードリヒ2世という、近代ヨーロッパ史では特異な王様で、天才級の人物で、何でも知っていた人は注目に値する。この今の欧米白人学者たちからさえ〝闇に葬られている〟この人物に塩野七生が、2000年ぐらいから行きついていることが重要である。

　ニーチェが、『アンチ・クリスト』（1895年刊）の中で、フリードリヒ2世を〝ずばぬけて偉大な人〟と書いてあった。このことが私、副島隆彦にとっての西洋理解の鍵、肝心(かんじん)要(かなめ)である。前の方の85ページにそのように書いた。だから私は塩野のこの仕事に「おお」と同感した。塩野がこれからイスラム思想という、今も私たち日本人に〝暗黒の世界〟のままであるイスラム世界に、自分の残りの人生を賭けて分け入っていこうとするのを、私は大歓迎し応援したい。

それでもこれまでの「塩野七生問題」というのがある。塩野の仕事は、1962年「ルネサンスの女たち（卒業論文）」以来ちょうど半世紀（50年間）のイタリア学の日本への輸入の業績である。私たち日本の文科系知識人、本読み（歴史の本なんか買って読まない、理科系を含めた99％の日本国民には無関係）100万人ぐらいに対してもった、塩野が日本語で書いた多くのイタリア歴史研究本の意味と影響についてここらで考えなければならない。

塩野はこの『ルネサンスとは何であったのか』の巻末に自分で発言している。要約すると、「自分は田中美知太郎（ギリシア文学者）、林健太郎（東大総長もした。西洋史のランケ主義学者）、会田(あいだ)雄次（京大のヨーロッパ史学者）ら大御所たちには認められた。しかし、その後(あと)の西洋史学者、イタリア美術史学者、文化史学者（おそらく塩野と同世代）たちからは嫌われていじめられた」と書いている。「小林秀雄ら文壇・論壇の大御所たちからも冷遇され、あまりいい思いはしなかった」と、石原慎太郎に向かって言ったと書いている。

なぜ塩野七生は、日本の知識人の世界で、本人の主観としてはさしていい思いをしなかったのか？ イタリア文学などというバタ（ー）くさい外国研究ばかりやったからか。それでも彼女の本は、80年代、90年代にたくさん売れた。すべて（いやほとんど）が新潮社の新潮文庫に入っている。文化功労賞もすでにもらっている。

それでも、塩野の評価は定まらない。女だからか？ それもある。〝イタリア大好き女〟という人種がいる。ヨーロッパ美術か、オペラ声楽か、を専攻してイタリアに留学する女性たちと、ウィーンへの音楽（器）留学で人生を使い果たした女たちで、良家（金持ち）の子女たちが、1960年代から急激に豊かになっていった高度成長経済の日本を背景にして、多く存在した。

そういう女性のひとりとして塩野はイタリアに渡り大著『ローマ人の物語』を15巻（文庫で43巻）も書いた。一体、誰がそんな大部（たいぶ）のものをまじめに読み通すというのか。ところが読む者たちがいた。

大不況が続くこの哀れでみじめになった日本で、金融・経済面でもアメリカ帝国のくびき、の下で、ますます貧しくなっている日本で、誰があんな、分厚いどころか何十冊もある本を読んで暮らせるというのか。大河小説（ロマーン）や自分好みの小説家の連作を読むのとは話がちがう。

塩野七生は、学者（イタリア史学者）であるのか、ただの作家あるいは評論家であるのか、という問題がある。彼女と同世代以降の日本人西欧史学者たち（およびその学会、学界）から彼女は今も嫌われているだろう。彼らヨーロッパ研究の学者たちは勉強秀才ではあるが、凡才たちで、きっと翻訳学者たちだろう。塩野はこの同世代の大学教授たちからいじめられて、「長年ちっともいい思いはしていない」とたびたび書いている。塩野は、「自分の本はすべて歴史物語（イストワール）です。私は作家です」と始めから学者たちと棲み分ければよかったのだ。

ところが塩野は、作り話（物語）をしていない。歴史の事実を、人物像（歴代皇帝や大財閥や文人たち）をできる限り正確に描写して、歴史事実を慎重に扱っている。だから学者たちと仕事がぶつかって競合してしまう。

私は、彼女の日本語でのイタリア歴史の語り部として、文化、教養の取り扱い者としての才能を認める。彼女はそれなりに詳しく調べて書いている。人物描写の鋭さもある。

だがそれでも私が「塩野七生問題」と言うのは、それは彼女がイギリス人のエドワード・

ギボンEdward Gibbon著の『ローマ帝国衰亡史』'*The History of the Decline and Fall of the Roman Empire*'（1776-1788）をどのように取り扱ったか、という一点に関わる。私は主に中野好夫訳のこの『ローマ帝国衰亡史』（邦訳全10巻　筑摩書房刊）の第1巻だけを昔読んだ。30年ぐらい前だ。残り9巻はとてもではないが手が出なかった。人生の忙しさのために、そんな悠長な読書家人生などやっていられない。あとは金森誠也氏の書いた、安直な『30ポイントで読み解く「ローマ帝国衰亡史」』（PHP文庫）を読んで済ませた。この本が歴代のローマ皇帝の年代記を簡略に書いてくれていた。あとは「世界史の歴史年表本」で十分だ。それと中央公論社の『世界の歴史』（全30巻）でいい。

　だから私の考えでは、塩野七生は、ギボンの大著『ローマ帝国衰亡史』が欧米世界での定評ある古代ローマ史の通史の本なのだから、この本に依拠すべきだったのだ。いや他のイタリア人の定評ある歴史（通史）学者の本でもいい。それを正確に翻訳すべきだったのだ。私はギボンの本に、日本人としての新発見をこのように付け加えた、として書くべきだったのだ。ギボンやイタリア人学者たちの本を塩野が無視したわけではない。参照文献として使っている。しかしどう転んでも彼女は、「イタリア歴史学の日本への輸入学者」でしか有りえないのだ。「塩野（独自の）古代ローマ史」というのを、イタリアから見れば外国人である塩野が、独自にやっていいことだとは私は思わない。

塩野は弁明（アポロジア）として、自分は学習院大学哲学科卒として、自分の卒業論文以来ずっと温めて、それからずっとその流れでイタリア史を真剣にやってきました、と言うだろう。私の本は歴史（イストワール）物語ですから、読んでくださる人に楽しんでいただければそれでいいのです、と言うだろう。だが、それでは済まないのだ。塩野七生は、長いことイタリアで暮らして、イタリア人医師のご主人にも守られて、イタリア（長くローマに在住した）を日本人として知りつくした。まさしく、「ルネサンスとは、（真実を）知りたい、もっと知りたいなのです」（塩野）の通りなのだ。だが、そんな素朴さ（ナイヴテ naïveté）だけで、１００巻もの本を書かれたら、周り（まわ）が困るのだ。

塩野はエドワード・ギボンの『ローマ帝国衰亡史』だけを史料として頼ったのではなく、他にも何百冊と本場の文献に当たった、と言うだろう。だったらせめてイタリアの3人ぐらいの大御所、泰斗（たいと）たちの著作から主に学びましたと書くべきだったのだ。重大なこの箇所は誰々から、この論点は私独自のものです、イタリア人学者たちも気づいていない私の創見です、とそれとなく区別をつけて塩野は書くべきだったのだ。日本人学者には輸入学問しかできないのだ。私がこのことを強調すると、このことへの反発、反感が起きるだろうか。

私は塩野の本の良い読者ではなかったし、騙されてあの大部の本を何冊も買ったような素朴な読書人階級ではない。私は強烈に、古代ローマ帝国史（共和政期から西ローマ帝国の滅亡まで約1000年間）と、それを自覚的に真似た今のアメリカ帝国史（ロックフェラー石油・金融財閥による支配史）の百年間（20世紀）を、徹底的に自覚的に、両者を類推・比較して、その衰亡（Decline and Fall）までをドぎつく書いてきた。それを合計何十冊もの金融・経済、政治の評論本にして生活の糧にしてきた日本人である。だから私も決してローマ史の門外漢（素人）ではない。

過去の人類史の諸事実のあれこれを手際よく上手に並べて書いて、それを次々に本にしました、というほど生ま易しい本づくりは、男はできないんだ。塩野さん、ここを分かってくれ。

これは、作家がひとり、自分の名誉と生活費を求めて、もがき苦しんで苦労して、100冊の本を書きました、というだけのことである。塩野七生問題というのもそれだけのことであり、そしてこのイタリア作家も、私もやがて死んでゆく。「作家があまりに長生きすると、読者たちのほうが先に死んでゆく」（山本夏彦）のである。あまり自著が読まれなくなって、そして次の時代と世代がやってくる。やはり塩野七生は歴史作家なのであって、歴史学者ではない。私はこう断定することで、この問題にはこれで片をつける。

19世紀イタリア統一の簡単な経緯さえ知っている日本人が少ない

イタリアは、日本が幕末、明治維新の大動乱の渦中にあった、ちょうど同じ時、ようやくオーストリア＝ハンガリー帝国から独立を果たした。マッツィーニ、カヴール、ガリバルディという3人の政治家が、統一のために尽力した「三傑」と讃（たた）えられている。このうち、カヴールは貴族だったが、ジュゼッペ・マッツィーニとガリバルディはポポロ（平民）だ。マッツィーニ（1805－1872）は、サン・シモンに影響を受けた左翼で、カール・マルクスと後に対立している。

マッツィーニは実は、イルミナティ秘密結社の世界全体の第3代目の最高幹部（グランド・マスター）だった、とされる重要な人物である。私はマッツィーニの銅像がローマ市の隅（すみ）にあると聞いて知っていたので、ローマ大学日本語科を出たガブリエッラ・カタパーネさんというガイドさんに連れて行ってもらった。マッツィーニは興味深い人物である。

カヴールは貴族で、もともとイタリア北西部のピエモンテ州にある領地の名前だ。カミッ

イタリア統一の父ガリバルディ（1807-82）

マッツィーニ（1805-72）の銅像の前での著者

ロ・ベンソ・コンテ・ディ・カヴール（1810−1861）という。ピエモンテ州とサルディーニャ王国は、ピエモンテのトリノを首都としたので、ピエモンテ王国とも呼ばれていた。

そして、ガリバルディ（1807−1882）が偉かった。「赤シャツ隊」を組織して、シチリアの反乱を組織して、両シチリア王国を亡ぼした。ところが、南イタリアを統一してテアーノに着いて、ヴィットーリオ・エマヌエーレ2世と会見して、バトンタッチみたいな形になった。業績を奪われた。イタリア統一後の統治は、このサヴォイア王家のエマヌエーレ2世に全部取られてしまった。このエマヌエーレ2世がイタリア国の初代国王になる。こうやってイタリアはつまらない貴族たちが支配する国になった。

このようにいつも政治劇は騙されて続く。ここでもポポロの理想がワル賢い貴族たちに乗っ取られてしまった。

ガリバルディはいまもイタリア国民に尊敬されている。今回ローマへ行ってみてよく分かった。普通の日本人観光客はいかないけれど、私はガリバルディの銅像が飾ってある、ローマ市内を一望する丘にどうしても行きたかった。ガブリエッラさんに、タクシーでその丘まで連れて行ってもらった。ガリバルディの銅像が見え始めると、驚いたことに、タクシーの運転手が、運転をしながら、銅像に向かって右手で敬礼していた。日本で言えば、西郷さんみたいな存在だと思う。非常に、いまでも民衆の熱い支持を受けている。

映画『イ・ヴィチェレ』で『山猫』の裏側が見えた

このイタリア統一の頃の政治状況を描いた映画に、ヴィスコンティ監督の大作『山猫』(「イル・ガットパルド」1963年制作)がある。没落していくイタリア南部のシチリアの貴族(準国王)の物語だ。

この名作『山猫』の裏側の真実を、ようやく私たちに伝えてくれる新しい映画が、2009年に日本に来た。『イ・ヴィチェレ』*I Vicerè*（日本語名『副王家の一族』2007年）という映画で、シチリアの都市カターニアの作家フェデリコ・デ・ロベルトの小説を映画化したものだ。私はこの映画を試写会で見て、ヴィスコンティが、50年前に『山猫』で描いたものの裏側の真実を、ようやくハッと分かって驚いた。

『山猫』でアラン・ドロンが演じたタンクレディという若い貴族がいた。反乱軍であるガリバルディ軍に加わって、その後カターニアの市長になった男だ。貴族なんだけど貴族でない。ここに秘密があった。

『山猫』と『イ・ヴィチェレ』は同じストーリーだ。だけれど、名前が違っていて、王家（副王）の名前を、わざとウゼダ家に変えてある。副王は、ナポリ王と同じくスペイン・ブルボン家の血筋である。

真実が暴かれる。『イ・ヴィチェレ』では、タンクレディは公爵（副王）と召使の女の間にできた子どもだった。この真実が明らかになった。『タンクレディ』はオペラとしても有名である。だから、タンクレディは自分の出生の秘密を知っていたので貴族階級に逆らった。だから、ガリバルディの軍に加わり民衆の側についた。そしてシチリアの地元の金持ちのポポポロ（民衆の上層）の娘を嫁にもらって、民衆の支持を得て市長になったのだ。このことがようやく分かった。新しい時代の到来だ。

この映画の中でものすごく重要な言葉があった。「我がウゼダ家は、〝王様の時代には王様の友〟、〝ポポロ（民衆）の時代にはポポロの友〟だ」と言って生き延びていく。ここが素晴らしい映画であることの証明だ。

ヴィスコンティの『山猫』では、私たち日本人には、ここのところが分からなかった。『山猫』を見たすべてのヨーロッパ人たちには、肌合いのところでこの真相を分かっていたのだ。だが誰もこの真実を日本人に教えない。ロッシーニの歌劇（オペラ）『タンクレディ』を知っている教養人の日本人でも、やっぱりこの真実までは分かっていない。ヨーロッパの貴族文化にあこがれ続けているだけだ。

ヴィスコンティの『山猫』では、貴族たちが大きな火山のエトナ山のふもとの別荘で、延々と踊り続けていた。でも国民革命はすでに起きていた。ガリバルディ軍がパレルモに上陸してすぐ近くまで迫っていた。それなのに、なぜ貴族たちはあんなに優雅に踊り続けていたのか。それは、ちゃんと手を打っていたからだ。ポポロの時代が来ても、自分たち貴族は必ず生き残れるように、裏側で画策して対策を立てていた。その秘密がようやく、映画

『イ・ヴィチェレ』を見て日本人にも分かった。この映画を是非、皆さんも見てください。

ガリバルディが地中海のサルディーニア島出身で、シチリア、ナポリを攻め落とし南の方からイタリア統一事業をした。このことは、地中海まで来ていたイギリスの軍艦隊が背後から武器や物資補給をしたということだ。即ちウィーンのハプスブルク家（皇帝）を弱体化するための計略で動いていたということだ。

何度でも書くが、日本人は、1800年代以降の、イギリスとフランスとドイツを通しての偏ったヨーロッパ観しか持っていない。16世紀のフィレンツェとウィーンの超重要性が分かっていない。そのために、現在にいたるまで、日本人のヨーロッパ観は、その前の1000年間がズルリとすべて抜け落ちている。パリのルーヴル宮殿（博物館）に、えんえんと飾ってある王様たちの大きな肖像画なんか、くだらないのだ。ローマ教皇と神聖ローマ皇帝とヨーロッパ各国の王たちがどういう関係にあったのか。一体いつごろからローマ教皇があんなに威張りくさりだしたのか。これは今も私も分からない。

バジリカが分からない日本人

いいですか。stateステイト、国、国家というコトバがある。今では「ネイション・ステイト（nation state、国民国家）」と言えば、一応知識人ぶっている人間たちなら何の意味か知っている。しかし、そもそもステイトとはstato「スタトー」で、これは、フィレンツェのメディチ家に仕えた、家宰、大番頭、執事長のことなのだ。ヨーロッパ語の国家（state, état（エタ）, Staat（シュタート））という概念もフィレンツェで生まれたのだ。

日本人が分かっていないことのひとつに、古代ギリシャ以来の「バジリカ」という建物がある。「バジリカ」basilicaというのは、古代ギリシアの頃から、民衆が集まる多目的ホールのようなものだ。そこで集会（議会）をしたり、裁判をしたり、話し合いをしたり、劇場もあれば、市場もある。自分たちの神を祭ってある祭壇もある。そういう大きな複合建物だ。まだ王様（独裁者）がいないので、お城（キャッスル）ではない。中心に神殿はある。それがバジリカだ。このバジリカの建物は、のちに宮殿（王の居城）に変えられていった。しかし、それでもあくまで「神殿＋議会＋集会所＋市場」なのだ。このバジリカが中東（ミドルイースト）の都市にもずっとあっ

現在のパンテオン（上）（ローマ）ここに著者が写っている。内部はキリスト教会に変造されている（右）

パンセオン pan-the-on とは、ただ単に汎神（論）「多くの神々」と訳せばいいのではない。本当はギリシアの「オリュンポスの12神」のことだ。それをキリスト教の一神教（モノ・シ・イズム）が押し潰した。

た。ユダヤ王国のエルサレムの都もバジリカだ。チベットのラサの都もバジリカだと思う。このバジリカを中心にして、古代も中世も都市もできていった。

いまもローマに残る「パンテオン」は、ものすごく素晴らしい建築のように思われている。このパンテオンも、本名はバジリカなのだ。真実はギリシアの「オリュンポスの12神」を祭る神殿であり、市場であり劇場でもあった。現在のパンテオンは、2世紀にハドリアヌス帝によって建てられた、ということになっている。けれども、本当かなあと私は思った。あれだけの大きなドーム（ドゥオーモ）付きの建物が2世紀に作られたというのが、私には信じられない。おそらく15世紀ぐらいの建物だろう。何度も何度も改築されたと思う。

ローマ帝国のこのパンテオンがキリスト教の聖堂に変えられてしまったのは、東ローマ帝国の時代だという（608年）。いまは内部は変造されてキリスト教の教会になってしまっている。しかし、その壁にギリシアの神たちの像の痕跡がまざまざと残っている。

4世紀にキリスト教が公認されて、ローマ帝国の貴族たちまでが信じるようになった。そうしたら、このバジリカが初期のキリスト教会の教会堂としての役割までを果たすようになった。だが、バジリカの起源はギリシアであり、もともとは民衆が集まる多目的ホールの集会所だったのだ。だから、今のヨーロッパ人たちの自然な感覚でも、「教会（の前の広場）が待ち合わせ場所」なのである。

なぜラテラノで何度も公会議が開かれていたか

ローマ市の中で、宗教会議が何度も開かれたラテラノの地こそは、サン・ピエトロ大聖堂ができるまでは、キリスト教会の一番の中心だったバジリカだ。ウィキペディアにもそう書いてある。

「古代において、ラテラノ大聖堂は救世主大聖堂と呼ばれ、ローマの多くの教会のランク付けの中で最上位に置かれ、信徒たちの敬意を集めていた」、「敷地内のバジリカは聖堂に転用された。が、後に拡張されてローマ司教である教皇の司教座聖堂（カテドラル）となった」とある。

今のサン・ピエトロ大聖堂は、1506年から建築が始まったものだから、まさしくミケランジェロの時代だ。彼が直径40メートルの大聖堂のドーム（天蓋）の設計の主任技師だ。宿敵ブラマンテのあとを継いだ。だから今のあの巨大な大聖堂はミケランジェロの設計（図）で作られたものだ。それまではラテラノ大聖堂（たいして大きくない）がキリスト教会の中心であり、ローマ教皇もここに住んでいた。
キリスト教徒たちが、いつごろラテラノの建物（バジリカ）を占拠して教会に変えていったのか定かではない。「歴史家たちは教皇ミルティアデス（在位３１１－３１４）の頃、３１３年頃と書いている」と。ここが気になる。ニケーア公会議（３２５年）の12年前だから、このミルティアデスという教皇は、ローマ皇帝コンスタンティヌス大帝（在位３０６－３３７）と同じ時代の教皇だ。このときにすでにキリスト教は認められ始めていたということだ。

　これ以前は迫害されていた。このあとも迫害はあった。皇帝ユリアヌス（在位３６１－３６３）は、「やっぱりキリスト教は許せない。どうも奇妙な宗教だ」と言って迫害している。だから「背教者（はいきょうしゃ）（アポスタータ apostata）ユリアヌス」と呼ばれた。同名の小説を辻邦生（つじくにお）が書いた（１９７２年刊）。私たちは辻邦生を見直さなければいけない。

　４７６年に西ローマ帝国が滅びて、それでもローマ教会だけはローマ市内に残った。神父たちはゲルマン諸族の王（酋長（しゅうちょう） chief）たちを盛んに説教、折伏（しゃくぶく）しに行った。彼らローマから来た坊主たちはラテン人と呼ばれた。この頃からローマ語はラテン語と呼ばれたのだろう。５００年後の、神聖ローマ帝国（９６１年、オットー大帝）の時代になってからは、教皇と皇帝はけんかばかりするようになった。そのくせ皇帝は教皇から冠をかぶせてもらわないと正式の皇帝にはなれない、という弱点もあって激しい綱引きをするようになった。

ルネサンスの頃になると、北イタリアは教皇領、ミラノ、フィレンツェ、ヴェネチアの４つに大きく分かれていた。南部はナポリ王国とシチリア王国だ。果たしてローマ教皇に「教権」と呼ばれる「神聖な権利」がそもそも有ったかどうかの問題だ。有ったか、無かったかが大事だ。「お前は、地獄に落ちるぞ」と、ローマ教皇から言われたら、みんな本当に怖かったようだ。皇帝たちでも怯えたようだ。当時は人間はすべてその程度だったのだ。

だから、後に１４８０年代に出てきた〝早熟の天才〟ピコ・デッラ・ミランドラが、「もうそんな脅しは怖くない」と言ったことが重要なのだ。「お前たち、坊主（神父、司教）たちなんか怖くない」と言い切った人間が、一番最先端の人間だ。「殺されようが、何をされようが、怖くないよ」と。１７９１年にウィーンで35歳で死んだ（毒殺されたのだろう）モーツァルトも、教会の権威と争って、「自分も死ぬんだから、死んだらおしまいなんだから、もう何も怖くない」と父親への手紙に書いて教会の権威を否定している。

映画『アレクサンドリア』で描かれたヒュパティアの虐殺

紀元400年代になると、ローマの都は荒れている。415年に、侵入して居ついたゲルマン民族の西ゴート族と、ローマ帝国は相互不可侵の条約を結んでいる。それぐらいに力がなくなっていた。

420年に、ヒエロニムスが初めてギリシア語から（断じてヘブライ語からではない）翻訳した「ウルガタ版のラテン語聖書」ができた。それまでは聖書はギリシア語のものしかなかった。

この415年に、エジプトのアレクサンドリアで、ヒュパティアという女性天文学者が虐殺されている。それが、映画『アレクサンドリア』（2009年）で描かれた話だ。ヒュパティアは、アレクサンドリアの大図書館長の娘だ（その後、海没した有名な図書館（アーカイブ）だ）。天文学者で、この時すでに地動説（太陽中心説（ヘリオセントリック））の真実に気づいていた女性だった。2011年の2月に、日本で上映された。

原題はAGORA（アゴラ）という映画だ。2009年作のスペイン映画で、すごい作品だ。このヒュパティアが、今のヨーロッパの知識人の間で女性解放運動の先駆者になっている。彼女が殺されたのが415年だ。殺したのは暴徒化したキリスト教徒たちだ。ここがミソだ。キリスト教徒が暴走して、ヒュパティアを惨殺した。この頃のアレクサンドリアは、アレクサンダー大王（マケドニア人。BC323年死）の同僚臣下のプトレマイオス（ギリシア人）が作って代々王となったプトレマイオス王朝だ。つまり、ギリシア人の国なのだ。ギリシア語を話していたから彼らは自分たちのことをギリシア人だと思っていた。

古代の地中海世界ではローマ帝国よりもギリシア人のほうがずっと格が上なのだ。しかし政治と宗教の権力はどんどんローマ人に奪われた。ギリシア人たちはサイエンス（学問による真理）を大事にしていた。真理を大事にしない、キリスト教徒の馬鹿どもが、ヒュパティアに襲いかかって丸裸にして貝殻で全身の肉をそぎ落として殺したという話だ。キリスト教というのは元々サイエンティフィック・ファクトを大事にしないやつらだ、というヨーロッパ知識人側からの強い批判だ。

天文学者であるヒュパティアは、この映画の中で、自分を慕って言い寄ってきた自分の学生のひとり（のちに長官になる）に、授業の際に、自分の生理の血がついた布キレをポンと与えた。学者（サイエンティスト）には恋愛（性愛）なんかいらない、という宣言だ。こういうのを本物の知識人（インテレクチュアル）と言う。

西ローマ帝国の滅亡（476年）頃から12世紀までがまったく分かっていない日本人

429年には、ゲルマン族のひとつのヴァンダル族がスペインからさらに南下して北アフリカに渡り、ヴァンダル王国を建設している。このヴァンダルに攻囲されて、聖アウグスティヌスが430年に、生まれ故郷のヒッポ・レギウスで死んでいる。アウグスティヌスという人物は複雑だ（冒頭の29ページで前述した）。彼はローマから自分の生まれ育った町に帰ってきていた。カルタゴに行って、カルタゴで説教師をして演説会（講演会）をやって、このあと弟子たちやら奥さん子どもを連れてローマに十年ぐらい居て、それからカルタゴに帰って、そこから故郷のヒッポ・レギウスに帰ってきて、ここで死んでいる。

彼は「神の国（ディヴィニティ）」という考え（思想）を作った。「この地上には、人間の理想の国は作れない。だから神の国を作る」と書いてしまった。どうやら、このアウグスティヌスの『告白』と『神の国』に、ローマ教会の重要な教義である「人間は皆、罪人である」が含まれているようだ。

アウグスティヌスの父親の信仰はマニ教だった。お母様が敬虔なキリスト教徒だった。マニ教はゾロアスター（ツァラトゥストラ）教の新装版（ニュー・エディション）である。イラン（ペルシア）高原で生まれたゾロアスター教が人類のすべての宗教（ヒンドゥー教、仏教を含む）の源流であり、ここからすべてが流れ出したのではないか。このように大洞察（だいどうさつ）したニーチェに学んで、私も考えるようになった。

アウグスティヌスの町、ヒッポ・レギウスは、いまのリビアだ。首都トリポリのはずれぐらいにあったはずだ。私は、リビアのカダフィ大佐をあんな殺し方をした（２０１１年10月20日）、命令者ヒラリー・ロダム・クリントンという女に対して激しく怒っている。

５３７年には、東ゴート族の王が、自分のプロヴァンス（属州）をフランク王国に譲渡した。この頃は、もうフランス王はメロヴィング朝であり、そしてカロリング朝に代わる。

５６８年に、ランゴバルド（族）人が、ビザンツ領イタリアに侵入（移住）して王国を建設する。ランゴバルド人が、今のイタリアのロンバルディア平原のロンバルディア人だ。しかしイタリア人だ。

後にロンバルディア同盟になっていった。なぜ、ロンバルディア平原にいた商人たちがユダヤ人になったのか。ここがまだ分からない。中心地であるヴェネチア（フェニキアから来た）の商人たちが、ユダヤ人であることの別称かもしれない。

ロンバルディアに12世紀にユダヤ人がいたことは確かで史料がある。彼らがオランダに移動し、やがて１６８８年の名誉革命（グロリアス・レヴォルーション）で勝利してオレンジ公（オレニエ家）ウィリアム３世と一緒にロンドンに居住し銀行業（金貸し業）を営む。それが今のロンバード・ストリート（金融街）で、「ロンバード金利」というのを作った。ユダヤ人たちの金利だ。いまのLIBOR（ライボー）（ロンドン銀行間（かん）取引市場金利）みたいなものだ。金利の基準を決めた。自分たちの取りやすい率で、５％とか７％と決めた。あるいは20％くらいあったかもしれない。


金利を取ることを、ローマのラテラノ宗教会議で何度も禁止した。「金利をとる者は（ユダヤ人だから）、キリスト教徒として埋葬しない」と決めた（１１７９年）。それから３３８年経って金利を取ることをローマ教会がようやく認めたのは、やっと１５１７年だ。ルターが暴れだした年だ。

「ロンバルディア同盟」は、音楽祭で有名な都市ヴェローナ（ここが『ロミオとジュリエット』の町）や、ミラノ、ここも音楽祭で有名なボローニャ、パドヴァ、ベルガモ、マントヴァ、パルマ、クレモナ、トレヴィーゾ、ヴィチェンツァ、ローディなどの北イタリア・ロンバルディア地方の都市たちの同盟だ。1167年に結成されている。中心はミラノとボローニャだ。この頃から北イタリアに自治都市ができていった。ここにヴェネチアが入っていないことがミソである。

神聖ローマ皇帝フリードリヒ1世（在位1152－1190）は、ローマまで4、5回攻め込んでいる。攻め込んで来たけれども、決定的勝利は得ていない。ロンバルディア同盟に負けている。負けたときに都市の自治権を認めてしまった。しかし同時に、皇帝としての権威（権限）もロンバルディア同盟側に対して認めさせている。

ロンバルディア同盟の北イタリアの自治都市たちは、フリードリヒ1世に対する対抗心からローマ教会の権威に頼ることで教皇派（グェルフィ派）を名乗り始めたのだ。ローマ教皇に心服していたわけではない。こう考えないと理屈が合わない。

だから、グェルフィ党（教皇派）とギベッリーニ党（皇帝派）の対立というが、本当は自分が得をする（税金が安い）ほうにくっつくというだけのことだ。その時々で、自分を守ってくれるほう、敵でないほうにつく。これが真実だ。自治都市（コムーネ）（大商人たちの合議体）が自分たちの財力（経済力）だけで、政治権力（軍事力）までを獲得したということはない。そのことはフィレンツェでの、共和政体の1530年の大敗北を見たので、わかる。

ウィーンにいる皇帝にしてみれば、自分は古代ローマ帝国のシーザー（カエサル、カイザー、ツァーリ）やら、アウグストゥス（オクタウィアヌス）の後継の皇帝である、という自意識があった。だからローマ教会の宗教なんかに負けるものか、という気にもなったはずだ。

パリにいたフランク王国の王シャルルマーニュ（カール）は、西暦８００年にローマまでやって来て戴冠した。そのときに、メディチ家の祖先がシャルルマーニュ大帝（ドイツ読みならカール大帝）に謁見して薬をあげて助けたという伝説が残っている。その時からメディチ家の紋章は「６つの丸薬」である（２２３ページの写真）。

ボッティチェッリの２枚の大作「ヴィーナスの誕生」と「プリマヴェーラ（春）」が長く飾られていたのはメディチ家の別荘である（この２枚の絵は現在、ウフィッツィ美術館で見られる）。このカレッジやカステロの別荘でプラトン・アカデミーが開かれていた。ここことリッカルディア邸宅が新プラトン主義の人文主義者たちの本拠地（学院の本部）だったのだ。

偉大なるロレンツォが亡くなる１４９２年がルネサンス思想運動のピークだ。そして、この時から急激にピーク（頂点）アウトして、人類の理想は崩れていった。このあとサヴォナローラが４年間の過激思想による独裁政治をやり、それが１４９８年に潰され焚刑にされた時までがルネサンスだ。

自分たちの支援者の偉大なるロレンツォが死んだというのに、人文主義者(ウマニスタ)たちはうかれて調子にのって、「メディチ家の独裁者がいなくなった」とか、「ロレツォはいいやつだったが、いまや俺たちは自由だ」とか、大きな勘違いをしたのだ。これが命取りだった。自分たちの真の理解者であり、強力な支援者であったロレンツォを失ったことが、どれぐらい恐ろしいことであるかに、このインテリ思想家たちは気が付かなかったのだ。巨大な勘違いをしたら、そのあと政治反動の嵐が襲って来て、皆殺しにされる。

再び、ルネサンスとは本当は何であったのか

ここでだめ押しで、ルネサンスとは何であったのかの初源問題に立ち返る。繰り返し、繰り返し書いてきたとおり、ルネサンスとは1439年にフィレンツェで開かれた公会議以来の、約60年間のことだ。この時、フィレンツェのアッカデミア・ネオプラトニカを作っていった新プラトン主義者たちの大きな思想運動のことを、ルネサンスと言うのである。

これ以外のくだらない定義(デフィニション)をする者がいたら、それはローマ・カトリック教会の回し者か、人間の自由の精神に対する卑劣な裏切り者(転向者)たちである。わずか60年間でルネ

サンス運動は圧殺されたのである。ルネサンスは圧殺されたのだということを今のヨーロッパの学者もアメリカ人学者もはっきりとは言わない。ずるずる、ずるずるとこの真実を５０年間もひきずって、あちこちで少数の優れた人々がぶつぶつ言い続けてきた。だから私がこの本で、この大きな真実をはっきりと書かなければ済まないのだ。私はもう逃げる気はない。あの１９５ページのペルジーノの絵の左側の人文主義者(ウマニスタ)たちのように、右側に描かれている槍を持った弾圧者たちと、武器を持たない言論の力だけで闘う。

副島歴史学は、「人類を動かす巨大なエネルギーは、ある時に急に一斉(いっせい)に沸き起こる〝民衆の熱狂〟である」というものだ。熱狂史観と呼んでもいい。あるとき、それまでの巨大なウソと欺瞞に気づいた少数の優れた人々が出現して、わめき始め、弾圧され、そしてそれが思想運動になる。宗教運動であれ、民衆暴動のような動きであれ、世界を席巻して途方もない巨大な行動の爆発となって現れることがある。日本史にもそれはいくつかある。

15世紀イタリア、フィレンツェに現れたルネサンスという思想運動は圧殺された。どうも「北方ルネサンス」の名で北ヨーロッパに伝わって成立した「近代(モダン)」とは、別の現象だと私は考える。このあたりのことをヤーコプ・ブルクハルトを始めとして学者たちがきちんと分類してこなかった。それが問題なのだ。北方ルネサンスは、前期フランドル絵画の３人の偉大な画家である、ヤン・ファン・アイクとヒエロニムス・ボッシュ（ボス）とピーテル・ブリューゲルが代表する。

66ページで前述したが、世界史の教科書では、近代の始まりを16世紀と設定し、オランダのライデン市の解放（１５７５年）と、ユトレヒト同盟（オランダ都市同盟）による「（スペイン王への）忠誠破棄（ちゅうせいはき）宣言」（１５８１年）をもって各々（それぞれ）、「近代市民社会の成立」及び、「近代憲法典の成立」とする。

マックス・ウェーバーは、プロテスタンティズムの精神（本当はユダヤ思想返りだ）が資本主義を生んだ、としている。マックス・ウェーバーの教義（ドグマ）に対して近年大きな疑義が生まれている。資本主義（カピタリスムス）（という金儲け肯定・礼賛の思想）を作ったのは、やっぱりユダヤ人（のユダヤ思想、ジュダイズム）だろう。私は、ヴェルナー・ゾンバルトの学説を支持し、ウェーバー学を、今や、決然と否定する。

序章でも書いたように、ルネサンスの始まりは、真実を語る思想運動が東方の、東ローマ帝国のコンスタンティノープルから学者たちと共にやってきたことだ。ギリシアの古典文献をずっと保持し研究し続けていたのはイスラム世界だった。キリスト教の聖書だけでなく、アリストテレスの思想も、北アフリカ回りでイベリア半島（スペイン）を経て入って来たのである。翻訳王国と呼ばれたコルドバの町で、ギリシア語からラテン語（ローマ語）やヘブライ語に翻訳されたのである。後（ご）ウマイヤ朝が栄えた８２０年代からである。聖書もギリシア思想（フィロソフィア）もイスラム教世界を経由して、ヨーロッパにもたらされたのである。不思議な話だ。

歴史は、常に「空間の広がり」で見なければいけない。人類の歴史は、最先端の科学技術（テクノロジー）の進歩によって、あるとき支配圏・影響圏が爆発的に劇的に広がる。それが〝民衆の熱狂〟にも決定的に影響する。それまでの世界と質的に変質する。グーテンベルク（だけではない）の活版印刷術の普及が、１４６０年代であったことが重要だ。同時代のフィレンツェの人文主義者たちの思想は、次々と印刷物の本（パンフレット）となって、爆発的に広がった。ローマ教会はそれらを抑えつけた。

フィレンツェのルネサンスの思想運動は、偉大なるロレンツォ（イル・マニフィコ）が１４９２年に死んだあと、行き過ぎた〝清貧〟と〝潔癖〟を唱えた過激派のサヴォナローラが引き継いだ。しかし彼は６年後に火刑に遭（あ）って粉砕された（１４９８年）。ローマ教会によって、人文主義者たちのルネサンス（人間復興）の思想運動はその痕跡までかき消された。それらの痕跡を私は拾い集めてこの本で復興させようとしている。

サヴォナローラは何を間違っていたのか

サヴォナローラについてさらに捕捉する。サヴォナローラは、自分の持てる演説の力で人々を魅了する力だけで、腐敗と堕落のない清廉なる政治体制を作ろうとした。軍事力もないくせに4年間だけ、フィレンツェに作った。貧しい層を大事にする美しい理想的なフィレンツェの自治都市、という理想で動いた。そのことを羽仁五郎は高く評価した。

羽仁五郎の大著『ミケルアンヂェロ』は1939年という、日本での政治弾圧と戦争の脅威の下で書かれた。だから私は、左翼思想の系譜に連なる者として、自分の大先輩である羽仁五郎の生き方を高く評価している。私は、羽仁五郎を1974年に、政治集会の演説で一度だけ遠くから見ている。彼は私の先生の久野収の同僚思想家である。

彼らは戦中と戦後の政治弾圧の時代をかいくぐって生きた知識人たちであるから尊敬している。私は、彼らの後継者である。羽仁五郎は日本の「講座派歴史学」という西洋型マルクス主義歴史学（戦前の日本共産党の立場）に立って書いた。美しい貧しい人民史観（人民中心の歴史観）を唱えた。羽仁五郎の意図は、日本的限界をひきずりながらもよく示された。それが日本の急進リベラル派の代表者としての生き方のすぐれた性質と到達点だったからだ。

ところが、サヴォナローラがいけなかったのは、人間という生き物が必ず持つ穢らしい側面をすべて無視したからだ。それが、神権政治（テオクラシー）という独裁政治になった。1500年代に、リベラリズムはまだ出現していない。自由主義（リベラリズム）とは、市場の自由（取引の自由）を中心にした、豊かな生産活動を中心とする市民たちによる生き生きとした経済活動を前提にした政治体制だとされる。ところが、このリベラリズム（自由の思想）とか、市場の自由（マーケット・フリーダム）や自由市場（フリー・マーケット）の思想の裏側には、元々ものすごく穢いものが貼りついているのだ。

それは、のちの17世紀、18世紀にフランスで如実に現れた。それはマーカンティリズム（mercantilism、重商主義）という経済政策である。ルイ14世の治世下のコルベール（1619-1683）という優れた財政家（financier フィナンシエ。財務大臣）の思想でもあった。フィナンシエとは王の蔵（フィナンス finance）を預かる管理人という意味だ。この重商主義のおかげでフランスがものすごく強くなった。

ここで、何が隠されていたかと言うと、「レッセ・フェール」laissez-faire という思想である。これは英語では、「レット・アス・フリー」（let us free）だ。これは「私たち商人をフリー、自由、ほったらかしにしてください」という思想なのである。「私たちをほっておいて下さい」という意味だ。ただ単に「私たちにフリーダム（自由）をくれ」という政治的要求の思想ではない。つまり、「王様、王様。私たちは市場で自由取引をしたい。王様の取り分として1割とか2割とか税金としてきちんと払います。ですから、そのかわりに市場を守ってください。外敵から市場取引を守ってください。交易先の輸送網と植民地の安全も守ってください。私たちが住む都市の安全を保障してください。そのために税金をたくさん納めます」という思想だ。

　ところがこの「レッセ・フェール」「レット・アス・フリー」という自由思想（リベラリズム）に隠されている本当の裏側の真実は、「ですから、たとえ、私たち商人が奴隷たちの売買をやろうが、麻薬売買をやろうが、武器弾薬の商売をやろうが、女たちの売春業をやろうが、どうか放っておいてください。大目に見てください。これらに取引規制をしないでください」「王様。どうか見て見ぬふりをしてください」という思想だ。これがレッセ・フェールだ。これがのちにリベラリズム（自由主義）と言われるようになる、きわめて立派な、誰もが文句なしで愛するコトバの始まりであり、原型なのだ。だから自由主義（リベラリズム）というコトバの中に、ものすごく恐ろしいものが元々入っている。

　フィレンツェの大商人（財閥）たちも、メディチ家を含めて、すべて、この奴隷売買、麻薬売買、武器商売、売春業、高利貸し業を盛んにやっていた。それでヴェネチアの「黒い貴族たち」と並んで、フィレンツェは当時ヨーロッパ最大の金持ち自治都市（コミューン）だったのだ。それらの悪業は文書として書き残されているはずがない。この真実を無視して、サヴォナローラたちは理想だけを追い求める、誠実で優れた、豊かな市民たちによる自治都市を作ろうとした。それが、自分たちの命取りになった。人間というものの本来の我欲の穢らしい面、限界面を自覚しないで神聖な政治を断行したこと。これがサヴォナローラが上層市民たちから「キレイごとばかり言うな」と怒りを買って殺された理由だ。

　だからこの大敗北を日本の羽仁五郎や私たちまでが今もずっとひきずっている。きれい事を信じ過ぎると最後には自分がヒドい目にあう。

　偉大なるフィレンツェのルネサンス運動の最後を飾ったサヴォナローラたちが抱えた弱点の問題でおしまいとなる。裏側の真実を見るべきである。歴史資料には隠されている、本当の真実に光を当てよと私は主張する。

あとがき

私が芸術家ミケランジェロの名前を知ったのは中学2年生（14歳）の時だった。１９６８年だったから、あれから45年の年月が過ぎた。田舎の公立中学校の一学年全員が、九州の地方都市の繁華街の大きな映画館まで整列してゾロゾロと歩いて行った。

『華麗なる激情』という何とも言いようのない邦題のアメリカ製の映画だった。この映画の原題は、“The Agony and the Ecstasy, 1965”だ。

ミケランジェロと、システィナ礼拝堂の天井壁画「天地創造」の制作を命じた教皇ユリウス（ジュリア）2世の二人の友情と葛藤を描いていた。

天井画は１５１２年に完成している。奇しくも丁度５００年前だ。ミケランジェロが7年かけて描いた。

私はこの映画を45年ぶりにＤＶＤを捜し求めて見て勉強になった。分からなかったことがたくさん分かった。

システィナ礼拝堂の天井画を、私は35年ぶりに今年（2012年）見に行った。私にとっての巡礼（ピルグリメッジ）の旅だ。ただし私は無垢で善意の巡礼者ではない。この世の大きな悪の本体に向かって突進するための巡礼だ。自分の45年の年月をかけて、ようやく人類の歴史の全体像の理解に到達したと思った。そのことで一冊の本を書けた。よし、もうこれぐらいでいい、という気になった。

この世に自分が暴き立てて日本国民に知らせるべき大きな真実がある限り、体が倒れる日まで私は真実の暴（あば）きの旅を続ける。

ＫＫベストセラーズ編集部の小笠原豊樹氏に「現地のフィレンツェを見るべきですよ」と誘われて行った。小笠原氏のヨーロッパ古典文学に賭けた人生があったからこそ、この本はできた。記して感謝します。

２０１２年10月

副島隆彦

この本は、初版の出版から9年後にこうして復刊され甦った。著者は嬉しい。もっとこの本は多くの人に読まれるべきである。西洋世界の本当の真実を知りたいと思う人々の暗黙の熱意が私の戦う気力を支えてくれる。引き続き秀和システムの編集部に移った小笠原豊樹氏が出して下さった。身に余る光栄だ。

副島隆彦

2021年10月

ミケランジェロとメディチ家の関連年表

西暦	ミケランジェロ年齢	ミケランジェロ主な出来事	ミケランジェロ在地	メディチ家	フィレンツェおよびヨーロッパ史、絵画史
1298年					・政庁舎（ヴェッキオ宮殿）着工
1347年					・ペスト大流行（～48年）
1375年					・八聖人戦争（～78年）
1378年				・サルヴェストロ・デ・メディチ、ゴンファロニエーレとなる	・チョンピの乱 ・教会大分裂始まる（～1417年）
1393年				・ジョヴァンニ・ディ・ビッチ、ローマに商会を設立	
1397年				・ディ・ビッチ、メディチ銀行設立	
1401年					・洗礼堂北扉コンクール
1414年					・コンスタンツ公会議開催（～18年）
1429年				・ジョヴァンニ・ディ・ビッチ死去 ・コジモ・イル・ヴェッキオが当主となる	
1433年				・コジモ・イル・ヴェッキオ、フィレンツェから追放	
1434年				・コジモ、フィレンツェに帰還、実権を掌握	
1439年					・フィレンツェ公会議で東西教会合同案公表
1445年				・メディチ邸着工（～60年頃）	
1452年					・レオナルド・ダ・ヴィンチ、生まれる
1454年					・ローディの和約
1459年				・アッカデミア・ネオプラトニカ（プラトン学院）設立	

年	年齢	ミケランジェロ	場所	メディチ家	世界
1464年			フィレンツェ	・コジモ・イル・ヴェッキオ没、ピエロ・イル・ゴットーゾ、当主となる	
1466年				・反メディチ派による内戦の危機を乗り切る	
1469年				・ロレンツォ・イル・マニフィコ、当主となる	
1472年					・ヴォルテッラ事件
1474年					・対教皇庁戦争始まる（～80年）
1475年	0歳	・3月6日カプレーゼに生まれる ・レオナルド・ダ・ヴィンチは当時23歳			
1477年	2歳				・システィーナ礼拝堂建設始まる
1478年	3歳			・パッツィ家の陰謀。ロレンツォの弟ジュリアーノ暗殺される	
1479年	4歳			・ロレンツォ、単身ナポリに赴き、王フェランテと和平を結ぶ	・スペイン王国成立
1481年	6歳	・母、フランチェスカ死去			
1483年	8歳				・システィーナ礼拝堂完成 ・ラファエロ生まれる
1488年	13歳	・ギルランダイオの工房に弟子入り			
1489年	14歳	・サン・マルコのメディチ家庭園で彫刻修行 ・ロレンツォ・イル・マニフィコに認められる			・サヴォナローラ、フィレンツェに来る、サン・マルコ修道院長になり説教開始
1490年	15歳	・「階段の聖母子」制作			
1491年	16歳	・「ラピタイ族とケンタウロスの戦い」制作			
1492年	17歳	・フィレンツェのサン・スピリト僧院長への奉献用に「十字架のキリスト」を作る		・ロレンツォ・イル・マニフィコ死去、ピエロ・イル・ファトゥオ、当主となる	・コロンブス、アメリカ大陸発見 ・ボルジア家のアレクサンデル6世、教皇になる
1494年	19歳	・10月フィレンツェを逃れ、ヴェネチアからボローニャへ行く ・サン・ドメニコ聖堂で「天使」「聖ペトロニウス」「聖プロクルス」を完成	ボローニャ	・メディチ家、フィレンツェから追放されフィレンツェに共和制が復活	・フランス王シャルル8世、フィレンツェ入場、サヴォナローラの「神権政治」始まる

<table>
<tr><td>1495年</td><td>20歳</td><td>・11月フィレンツェに戻る
・「クピド」制作</td><td>ボローニャ</td><td></td><td>・レオナルド・ダ・ヴィンチ、ミラノで「最後の晩餐」を描き始める</td></tr>
<tr><td>1496年</td><td>21歳</td><td>・初めてローマへ行く</td><td rowspan="5">ローマ</td><td></td><td></td></tr>
<tr><td>1497年</td><td>22歳</td><td>・「バッカス」完成</td><td></td><td></td></tr>
<tr><td>1498年</td><td>23歳</td><td>・フランス人枢機卿、ジャン・ビレール・ド・ラグラールのために、ヴァチカンの「ピエタ」制作に取りかかる</td><td></td><td>・サヴォナローラ火刑
・レオナルド・ダ・ヴィンチ、ミラノで「最後の晩餐」完成</td></tr>
<tr><td>1499年</td><td>24歳</td><td></td><td></td><td>・レオナルド・ダ・ヴィンチ、ミラノを去る</td></tr>
<tr><td>1500年</td><td>25歳</td><td>・ヴァチカンの「ピエタ」完成</td><td></td><td></td></tr>
<tr><td>1501年</td><td>26歳</td><td>・フィレンツェに帰る
・「ブリュージュの聖母子」完成
・ダヴィデ像の依頼を受ける</td><td rowspan="3">フィレンツェ</td><td></td><td></td></tr>
<tr><td>1503年</td><td>28歳</td><td>・「ドーニの聖家族」「ダッディの聖母子」「ピッティの聖母子」を手がける</td><td>・ピエロ・イル・ファトゥオ、ナポリ近郊で戦死</td><td>・ユリウス2世、教皇に即位
・レオナルド・ダ・ヴィンチ「モナリザ」に着手</td></tr>
<tr><td>1504年</td><td>29歳</td><td>・「ダヴィデ」像完成、ヴェッキオ宮殿政庁舎正面に設置される
・レオナルド・ダ・ヴィンチと政庁舎の大広間に競作する計画</td><td></td><td></td></tr>
<tr><td>1505年</td><td>30歳</td><td>・ローマ教皇ユリウス2世、ミケランジェロをローマに招き、墓廟の制作を命ずる</td><td rowspan="4">ローマ</td><td></td><td></td></tr>
<tr><td>1506年</td><td>31歳</td><td>・ユリウス2世、墓廟の計画を取りやめ、システィーナ礼拝堂の天井画を描かせることを計画
・4月ミケランジェロ怒ってローマを出奔
・11月ボローニャで教皇と和解</td><td></td><td>・ラオコーン群像発見される
・ブラマンテ、サン・ピエトロ大聖堂再建に着手
・レオナルド・ダ・ヴィンチ、フランス王ルイ12世の招きで再びミラノに赴く
・ユリウス2世、ボローニャ征服</td></tr>
<tr><td>1508年</td><td>33歳</td><td>・3月ボローニャで「ユリウス」像完成
・ローマに戻り、5月10日システィーナ天井画制作開始</td><td></td><td></td></tr>
<tr><td>1511年</td><td>36歳</td><td></td><td></td><td>・教皇ユリウス2世、対仏神聖同盟結成</td></tr>
</table>

1512年	37歳	・11月1日、システィーナ天井画完成	ローマ	・メディチ家、フィレンツェに帰還、フィレンツェ共和国崩壊 ・ロレンツォ・イル・マニフィコの2男ジョヴァンニと3男ジュリアーノが統治	
1513年	38歳	・ユリウス2世墓廟の第2次契約、計画は大幅に縮小される ・「囚われ人」「モーセ」像に着手	ローマ	・ジョヴァンニ・デ・メディチ、レオ10世として教皇に即位 ・ピエロの子ロレンツォ、当主となる	・マキャヴェッリ、『君主論』執筆
1515年	40歳		ローマ		・フランス王フランソワ1世、ミラノを再征服
1516年	41歳	・ユリウス2世墓廟の第3次契約、契約はさらに縮小 ・レオ10世によりフィレンツェのサン・ロレンツォ聖堂正面の制作を命ぜられる ・「モーセ」像ほぼ完成	ローマ		
1517年	42歳	・サン・ロレンツォ聖堂正面の木製雛形を作りローマに送る	フィレンツェ		・マルティン・ルター95ヵ条の質問状を提出、宗教改革起こる
1519年	44歳	・再びユリウス2世墓廟の制作	フィレンツェ		・レオナルド・ダ・ヴィンチ、フランスにて死去(67歳)
1520年	45歳	・サン・ロレンツォ聖堂正面の制作契約は解約 ・メディチ家礼拝堂の制作開始	フィレンツェ		・ラファエロ死去(37歳) ・レオ10世、ルターを破門
1521年	46歳		フィレンツェ	・レオ10世死去	・神聖ローマ帝国皇帝カール5世とフランソワ1世の間にイタリア戦争始まる(～59年)
1523年	48歳		フィレンツェ	・ジュリオ・デ・メディチ、クレメンス7世として教皇に即位	
1524年	49歳	・「河神」制作 ・メディチ家のラウレンツィアーナ図書館の設計 ・メディチ家礼拝堂の墓碑(6体)の制作にとりかかる	フィレンツェ		・ドイツ農民戦争起こる(トマス・ミュンツァー)

年	年齢	出来事	居住地	メディチ家・フィレンツェ	世界
1525年	50歳	・メディチ家の寓意像「黄昏」が完成	フィレンツェ		
1526年	51歳	・「曙」完成			
1527年	52歳	・フィレンツェ革命軍の一員となる		・メディチ家がフィレンツェから再び追放され、最後の共和制復活	・ローマ劫掠（サッコ・ディ・ローマ） ・イギリス国王ヘンリー8世が離婚問題で、ローマ教皇と対立
1528年	53歳	・弟ブオナロット死去			
1529年	54歳	・1月、軍事9人委員会の1人に命ぜられる ・9月、ヴェネチアに逃れるが、2ヵ月後フィレンツェに戻る			・フィレンツェ包囲戦（〜30年） ・ウィーン、トルコ軍に包囲される ・トーマス・モア、イギリスの宰相となる
1530年	55歳	・フィレンツェ降伏（8月8日）により再び行方をくらます（8月9日） ・「アポロ」制作 ・再びメディチ家礼拝堂で制作		・皇帝とメディチ家連合軍の前に、フィレンツェ共和政崩壊（8月8日） ・メディチ家復帰	・カール5世、クレメンス7世により皇帝戴冠
1531年	56歳	・「夜」制作 ・父ロドヴィコ死去			
1532年	57歳	・ユリウス2世墓廟の新しい協定（第4次）成立		・アレッサンドロ・デ・メディチ、初代フィレンツェ公となる	
1533年	58歳	・「勝利」像完成 ・クレメンス7世、システィーナ礼拝堂「最後の審判」を依頼		・カテリーナ・デ・メディチ、アンリ・ド・ヴァロア（のちのアンリ2世）と結婚	
1534年	59歳	・未完の「奴隷」像4体制作		・クレメンス7世死去	・パウロ3世法王となる ・イエズス会発足
1535年	60歳	・9月、ローマに到着 ・「最後の審判」着手 ・ヴィットリア・コロンナと出会う ・法王庁の主任建築士、彫刻士、絵画士に任命される	ローマ		・ミラノ公国、スペイン王の支配に入る
1537年	62歳			・アレッサンドロが暗殺され、メディチ家兄脈断絶 ・弟脈のコジモ1世、第2代フィレンツェ公となる	・モンテムルロの戦い

年	年齢	ミケランジェロ	メディチ家	世界
		ローマ		
1540年	65歳		・宮廷をヴェッキオ宮殿に移す	・イエズス会、教皇から公認
1541年	66歳	・「最後の審判」完成 ・再びユリウス2世墓廟の仕事にかかわる ・墓廟のための「ラケル」「レア」制作 ・パオリーナ礼拝堂壁画着手		・ジャン・カルヴァンがジュネーヴで宗教改革を開始
1543年	68歳			・ポルトガル人、種子島に来る ・コペルニクス地動説
1545年	70歳	・ユリウス2世墓廟完成 ・「聖パウロの回心」完成		・トレント公会議（この会議で「最後の審判」の腰衣着衣が決定される）
1546年	71歳	・「聖ペテロの磔刑」に着手		・マルティン・ルター死去
1547年	72歳	・ローマのサン・ピエトロ大聖堂の建築主任となる ・弟ジョヴァン・シモーネ死去		・ヴィットリア・コロンナ死去
1549年	74歳		・宮廷をピッティ宮殿に移す	・パウロ3世死去 ・フランシスコ・ザビエル鹿児島に上陸
1550年	75歳	・「聖ペテロの磔刑」完成 ・「ドゥオーモのピエタ」に着手		
1555年	80歳	・「パレストリーナのピエタ」に着手		・アウクスブルクの宗教会議がルター派を承認
1557年			・シエナ攻略	
1559年	84歳	・「ロンダニーニのピエタ」に着手	・ウフィッツィ宮殿着工（～80年）	・宗教会議の決定により、ダニエル・ダ・ヴォルテッラが「最後の審判」の裸体人物に腰布を描く
1560年	85歳	・ローマの城門「ポルタ・ピア」設計		
1561年	86歳	・サンタ・マリア・デリ・アンジェリ教会の設計		
1564年	89歳	・死の数日前まで「ロンダニーニのピエタ」を彫り続ける ・2月18日、ミケランジェロ死去		・シェークスピア生まれる ・ガリレオ・ガリレイ生まれる
1569年			・コジモ1世、トスカーナ大公となる	

★ルネサンス関係

18. ヴァザーリ、ジョルジョ『芸術家列伝１――ジョット、マザッチョほか』平川祐弘・小谷年司訳、『芸術家列伝２――ボッティチェルリ、ラファエルロほか』平川祐弘・小谷年司訳、白水社、2011［原著］Vasari, Giorio: *Le vite de' più eccellenti pittori, scultori e architettori*, 1550
19. カッシーラー、エルンスト『個と宇宙――ルネサンス精神史』薗田坦訳、名古屋大学出版会、1991［原著］Cassirer, Ernst: *Individuum und Kosmos in der Philosophie der Renaissance*, 1927
20. 樺山紘一『ルネサンスと地中海（世界の歴史16）』中央公論新社、1996
21. 佐々木英也（監修）『オックスフォード西洋美術事典』講談社、1989
22. 佐藤幸三・青木昭『図説 レオナルド・ダ・ヴィンチ 万能の天才を尋ねて』河出書房新社、1996
23. 塩野七生『ルネサンスとは何であったのか』新潮社、2001
24. ブルクハルト、ヤーコプ『イタリア・ルネサンスの文化』（Ⅰ・Ⅱ）柴田治三郎訳、中央公論新社、2002［原著］Burckhardt, Jacob: *Die Kultur der Renaissance in Italien*, 1860
25. ミランドラ、ジョヴァンニ・ピコ・デッラ『人間の尊厳について』大出哲・阿部包・伊藤博明訳、国文社、1985［原著］Pico della Mirandola, Giovanni: *De hominis dignitate*, 1496
26. SCALA Group: Die großen Künstler Italiens: Maler der Renaissance, SCALA, 2004（イタリアの偉大な芸術家たち――ルネサンスの画家たち）

★その他

27. 江村　洋『ハプスブルク家史話』東洋書林、1998
28. 加藤雅彦『図説 ハプスブルク帝国』河出書房新社、1995
29. ニーチェ『権力への意志』（ニーチェ全集13）原佑訳、筑摩書房、1993［原著］Nietzsche, Friedrich: *Der Wille zur Macht*, 1901
30. ニーチェ『善悪の彼岸』木場深定（じんじょう）訳、岩波文庫、1970［原著］Nietzsche, Friedrich: *Jenseits von Gut und Böse*, 1985-86
31. ニーチェ『ツァラトストラはこう言った』（上・下）氷上英廣訳、岩波書店、1970［原著］Nietzsche, Friedrich: *Also sprach Zarathustra*, 1885
32. ニーチェ『道徳の系譜』木場深定訳、岩波文庫、1940［原著］Nietzsche, Friedrich: *Zur Genealogie der Moral*, 1887
33. ニーチェ『反キリスト者』（ニーチェ全集14）原佑訳、筑摩書房、1994［原著］Nietzsche, Friedrich: *Antichrist*, 1895
34. ニーチェ『悲劇の誕生』秋山英夫訳、岩波書店、1966［原著］Nietzsche, Friedrich: *Die Geburt der Tragödie*, 1872
35. ブラウン，ダン『ダ・ヴィンチ・コード』越前敏弥訳、2004、角川書店［原著］Brown, Dan: *The Da Vinci Code*, 2003
36. モーツァルト、ヴォルフガング『モーツァルトの手紙 上・下』柴田治三郎編訳、岩波書店、1980
37. 『岩波西洋人名辞典 増補版』岩波書店、1981

【参考にした文献一覧】

★ミケランジェロ関係

1. 青木 昭『図説 ミケランジェロ』河出書房新社、1997
2. ヴァザーリ、ジョルジョ『芸術家列伝3 レオナルド・ダ・ヴィンチ、ミケランジェロ』田中英道・森雅彦訳、白水社、2011［原著］Vasari, Giorgio: *Le vite de' più eccellenti pittori, scultori e architettori*, 1550
3. コンディヴィ、アスカニオ『ミケランジェロ伝――付・ミケランジェロの詩と手紙』高田博厚訳、岩崎美術社、1978［原著］Condivi, Ascanio: *Vita di Michelangelo Buonarroti*, 1553
4. シューダー、ローズマリー『ミケランジェロの生涯 1500-1527（上）桎梏者』鈴木久仁子・相沢和子・佐藤真知子訳、クインテッセンス出版、1994［原著］Schuder, Rosemarie: *Die Gefesselte: das Leben Michelangelos 1500-1527*, 1964
5. シューダー、ローズマリー『ミケランジェロの生涯 1527-1564（下）砕かれたマドンナ』鈴木久仁子・相沢和子・佐藤真知子訳、クインテッセンス出版、1994［原著］Schuder, Rosemarie: *Die zerschlagene Madonna: das Leben Michelangelos 1527-1564*, 1964
6. 羽仁五郎『ミケルアンヂェロ』岩波書店、1939
7. ミケランジェロ、ブオナローティ『ミケランジェロの手紙』杉浦明平訳、岩波書店、1995［原著］*Il Carteggio di Michelangelo* by Giovanni Poggi, 1965
8. スピーニ、ジョルジョ『ミケランジェロと政治 ―― メディチに抵抗した〈市民＝芸術家〉』森田義之・松本典昭訳、刀水書房、2003［原著］Spini, Georgio: *Politicita di Michelangelo*, 1966
9. ロマン・ロラン『ミケランジェロの生涯』高田博厚訳、岩波書店、1963［原著］Rolland, Romain: *Vie de Michel-Ange*, 1906

★フィレンツェ、メディチ家関係

10. ダンテ『神曲Ⅰ地獄篇』『神曲Ⅱ煉獄篇』『神曲Ⅲ天国篇』寿岳文章訳、集英社、2003［原著］Dante Alighieri: *Divina Commedia*, 1307-21
11. 中嶋浩郎『図説 メディチ家』河出書房新社、2000
12. 羽仁五郎『都市の論理』勁草書房、1968
13. マキァヴェッリ『フィレンツェ史』（上・下）、齊藤寛海訳、岩波書店、2012［原著］Machiavelli, Niccolo: *Istorie Fiorentine*, 1520-1525
14. マキアヴェッリ『君主論』河島英昭訳、岩波書店、1998［原著］Machiavelli, Niccolo: *Il principe*, 1532
15. Parks, Tim: *Medici Money*, W W Norton & Co Inc, 2005（メディチ・マネー）
16. Strathern, Paul: *The MEDICI — Godfathers of the Renaissance*, Vintage, 2003（メディチ ―― ルネサンスのゴッドファーザーたち）
17. Unger, Miles J.: *MAGNIFICO — The Brilliant life and Violent Times of Lorenzo de' Medici*, Simon and Schuster, 2008（マニフィコ――ロレンツォ・デ・メディチの輝かしい生涯と暴虐の時代）

■著者プロフィール

副島隆彦（そえじま たかひこ）

評論家。副島国家戦略研究所（SNSI）主宰。1953年、福岡県生まれ。早稲田大学法学部卒業。外資系銀行員、予備校講師、常葉学園大学教授等を歴任。政治思想、法制度、金融・経済、社会時事、歴史、英語研究、映画評論の分野で画期的な業績を展開。「日本属国論」と米国政治研究を柱に、日本が採るべき自立の国家戦略を提起、精力的に執筆・講演活動を続ける。主著に『世界覇権国アメリカを動かす政治家と知識人たち』（講談社＋α文庫）、『決定版 属国・日本論』（PHP研究所）、近著に『目の前に迫り来る大暴落』（徳間書店）、『裏切られたトランプ革命』（秀和システム）、『今、アメリカで起きている本当のこと』（B.フルフォード氏との共著、秀和システム）ほか、著書多数。

ミケランジェロとメディチ家（け）の真実（しんじつ）

隠（かく）されたヨーロッパの血（ち）の歴史（れきし）

発行日　2021年10月 6日　　第1版第1刷

著　者　副島（そえじま）　隆彦（たかひこ）

発行者　斉藤　和邦
発行所　株式会社　秀和システム
〒135-0016
東京都江東区東陽2-4-2　新宮ビル2F
Tel 03-6264-3105（販売）Fax 03-6264-3094
印刷所　日経印刷株式会社　　Printed in Japan

ISBN978-4-7980-6617-2 C0095

定価はカバーに表示してあります。

乱丁本・落丁本はお取りかえいたします。

本書に関するご質問については、ご質問の内容と住所、氏名、電話番号を明記のうえ、当社編集部宛FAXまたは書面にてお送りください。お電話によるご質問は受け付けておりませんのであらかじめご了承ください。